BECKETTS BERLIN

Liebe Margrit,
wenn es das Bröhan-
Museum damals schon
gegeben hätte, wäre Beckett
bestimmt vorbeigekommen!
Doris + Lothar
am 1. März 2011

ERIKA TOPHOVEN

BECKETTS BERLIN

nicolai

Dieses Buch wurde von der S. Fischer Stiftung gefördert.

Unter www.nicolai-verlag.de können Sie unseren Newsletter abonnieren, der Sie über das Programm und aktuelle Neuerscheinungen des Nicolai Verlags informiert.

Lektorat: Diethelm Kaiser, Berlin
Gestaltung: hawemannundmosch, Berlin
Satz und Repro: Mega-Satz-Service, Berlin
Druck und Bindung: Rasch, Bramsche

ISBN 3-89479-159-4

INHALT

EINLEITUNG 7

1 ANKUNFT IN DER REICHSHAUPTSTADT 11
11/12/36 • Eine Pension im Zoo-Viertel • Schmale Börse, schmale Kost

2 BERLIN – »EINE GESCHWÄTZIGE SPHINX« 27
Stadtrundgänge • Zwei Exkursionen am Rande

3 HÖHEPUNKT DER KUNSTREISE: MUSEUMSBESUCHE IN BERLIN 39
Zwischen Kupfergraben und Spree: Die Gemäldesammlung • Die italienischen Maler • Die holländischen Maler • Im Deutschen Museum: Die altdeutschen und altniederländischen Maler • »Eine lästige Pflicht«: Besuche in der Nationalgalerie • Auf der Suche nach der Moderne: Im Kronprinzenpalais • Ausflüge ins 3. Jahrtausend v. Chr.: Das Tell-Halaf-Museum • Die ägyptische Sammlung im Neuen Museum

4 WEIHNACHTSZEIT UND JAHRESWECHSEL 1936/37 91
Trübe Tage • »Geht das Jahr denn nie zu Ende?«

5 ABENDPROGRAMM: FILM, THEATER, KONZERT 103
In Ufa-Palästen und Kintopps • Schauspielhaus und Kammerspiel • Konzert in der Philharmonie

6 LEKTÜREN UND BEGEGNUNGEN 115
Gespräche mit Axel Kaun • Gedanken über fremde und eigene Bücher

7 »EINE WAHRLICH SORG-LOSE ARCHITEKTUR« –
AUSFLUG NACH POTSDAM 131

8 GESPRÄCHE AM KÜCHENTISCH 137
Abschied von Berlin

ANHANG 142
Bild- und Textnachweis • Dank

EINLEITUNG

Als Samuel Beckett am 8. September 1953 zur Erstaufführung seines Theaterstücks *Wir warten auf Godot* nach Berlin kam, wusste wohl kaum jemand, dass er bereits im Winter 1936/37 sechs Wochen in der damaligen Reichshauptstadt verbracht hatte. Auch von seinen Reisen nach Kassel zwischen 1928 und 1932 war wenig bekannt. Was wusste man überhaupt zu dieser Zeit in Deutschland über diesen irischen Schriftsteller, der seit 1937 in Paris lebte? Von seinen Werken war 1953 noch nichts auf Deutsch erschienen. Das änderte sich schlagartig, als er durch *Wir warten auf Godot* über Nacht berühmt wurde. Jede Zeile aus der Feder des Autors wurde hinfort unverzüglich ins Deutsche übertragen, gedruckt, gelesen oder gespielt.

Je bekannter sein Name und seine Werke wurden, desto mehr bemühte sich der Autor, sein Privatleben und seine Person vor der Öffentlichkeit zu schützen, erst recht nach der Verleihung des Nobelpreises im Jahr 1969. Er rettete sich oft vor Anrufen und Besuchern in sein kleines Haus an der Marne, um ungestört arbeiten zu können, aber auch, weil er die Einsamkeit brauchte, sie immer wieder suchte, »*the absurd beauty of being alone*«. Wer ihn näher kannte, respektierte dieses Bedürfnis und bedrängte ihn auch nicht unnötig mit Fragen. Seine deutschen Übersetzer hätten freilich gern erfahren, wo und wann sein Interesse für die deutsche Sprache geweckt worden war, da er sie immer wieder durch erstaunliche Kenntnisse des Deutschen überraschte, aber Aufschluss darüber gaben erst Briefe und Dokumente, die nach Becketts Tod 1989 einsehbar wurden oder zur Veröffentlichung gelangten, allen voran sein weitgehend autobiografischer erster Roman *Traum von mehr bis minder schönen Frauen* von 1932, der damals, zum Leidwesen des jungen Autors, keinen Verleger fand und später auf seinen Wunsch hin nicht mehr zu Lebzeiten erscheinen sollte. Dieser Roman spielt an drei Orten – Paris, Dublin und Kassel – und enthält Hunderte von deutschen Einsprengseln, Wortwitzen, Redewendungen, Zitaten und Anspielungen auf örtliche Begebenheiten. Sie sind eine Fundgrube für jeden, der sich auf eine Spurensuche zu Becketts Biografie begibt.

Eine zweite, ebenfalls sehr aufschlussreiche Entdeckung war das kleine dunkelrote Notizbuch *Whoroscope notebook,* das im Samuel-Beckett-Archiv der englischen Universität Reading in einem eigens dafür angefertigten Kästchen unter der Nummer 3000 verwahrt wird. Beckett hatte es dem Gründer des Archivs, Professor James Knowlson, schon Mitte der achtziger Jahre anvertraut, als dieser mit Interviews und Recherchen für seine monumentale Beckett-Biografie begann. Das Büchlein enthält Notizen aus den dreißiger Jahren, unter anderem auch von den verschiedenen Etappen seiner Reise durch Deutschland.

Linke Seite: Samuel Beckett, Anfang der dreißiger Jahre

Ein weiterer Baustein für das Deutschland-Puzzle war die MacGreevy-Korrespondenz, die um 1990 aus privater Hand dem Archiv des Trinity College in Dublin übergeben wurde. Unter Becketts Briefen an den langjährigen Freund Thomas MacGreevy (1893–1967) befanden sich auch Briefe und Ansichtskarten aus Hamburg, Berlin, Naumburg, Dresden, Freiberg i. S., Bamberg, Regensburg und München. Anhand der Daten ließ sich der Verlauf der mehrmonatigen Deutschlandreise rekonstruieren. Und doch blieb das Bild lückenhaft, bis James Knowlson 1996 erste Auszüge aus den »unbekannten deutschen Tagebüchern« in seiner Biografie veröffentlichte.

Den aufsehenerregenden Fund hatte Edward Beckett bald nach dem Tod seines Onkels in dessen Pariser Wohnung gemacht: Sechs Hefte mit tagtäglichen Eintragungen von der Deutschlandreise im Winterhalbjahr 1936/37. Als die Hefte 1996, nach Erscheinen der Biografie, zur Einsichtnahme ins Samuel-Beckett-Archiv gelangten, war die Neugier groß, aber die Ernüchterung folgte bald: Wer war imstande, die circa 500 dicht beschriebenen, nicht immer leicht zu entziffernden Seiten vor Ort zu lesen und zu transkribieren? Welcher Leser, des Englischen mächtig, war imstande, auch die zahlreichen deutschen Ausdrücke, Wortspiele und Zitate zu verstehen, und wer vermochte sich ohne weiteres in die Lebensverhältnisse jener Zeit zu versetzen?

Es schien mir von fundamentaler Bedeutung für die Rezeption von Samuel Becketts Werk in Deutschland zu sein, dieses frühe Zeugnis seiner engen Verbundenheit mit der deutschen Geistesgeschichte seinen Lesern hierzulande zugänglich zu machen. Ein erster Schritt gelang 2003 mit dem Abdruck des Hamburg-Kapitels in einer limitierten bibliophilen Ausgabe und mit einer anschließenden Ausstellung in der Freien Akademie der Künste in Hamburg. Becketts nächster längerer Aufenthalt auf dieser Reise war Berlin. Aufgrund eines eingehenden Studiums der Tagebuchblätter, die mir vertrauensvollerweise von Edward Beckett zur Verfügung gestellt wurden, dank der Kenntnis der MacGreevy-Korrespondenz und des Briefwechsels mit zwei jungen deutschen Buchhändlern, Günter Albrecht und Axel Kaun, sowie durch monatelange Recherchen vor Ort und, last but not least, aufgrund meiner fast fünfzigjährigen Erfahrung im Umgang mit Becketts Werk, sei es als Mitübersetzerin oder, in späteren Jahren, als Alleinübersetzerin, ging ich das Wagnis ein, über Samuel Becketts sechswöchigen Aufenthalt in Berlin zu berichten.

Jeder Umgang mit den persönlichen Aufzeichnungen, die ja nicht zur Veröffentlichung bestimmt waren, ist fragwürdig. Solange die Tagebücher nicht vollständig transkribiert und kommentiert vorliegen, kann jede Auswahl nur ein vorläufiges Bild vermitteln, und man läuft Gefahr, einzelnen Eintragungen mehr oder auch weniger Bedeutung beizumessen, als ihnen zukommt. Bei dem hier vorliegenden Buch schien es ratsam, nicht Tag für Tag in chronologischer Reihenfolge aus dem Tagebuch zu zitieren, was ermüdend gewesen wäre, sondern das Material thematisch zusammenzufassen und zu gliedern. Gleichzeitig wurde versucht, die stichwortartigen Notizen durch einige Hintergrundinformationen zu erläutern.

Die Zitate aus Becketts Tagebuch wurden größtenteils übersetzt, doch wo immer es vertretbar erschien, wurde die originale Version beibehalten. Nur so kann der Leser einen Eindruck gewinnen von der Art der Aufzeichnungen und der reizvollen Mischung von Worten der englischen und deutschen Sprache. Diese Originalzitate sind kursiv gesetzt.

Ich danke Edward Beckett für die Erlaubnis, einige Tagebuchblätter in der Originalfassung abzudrucken.

In memoriam Top & Sam

Berlin, im Juli 2005
Erika Tophoven

ANKUNFT IN DER REICHSHAUPTSTADT

11/12/36

Schnellzüge auf dem Potsdamer Bahnhof in Berlin, 1935/36. Hier traf Samuel Beckett am 11. Dezember 1936 in Berlin ein.

Die Tagebuchaufzeichnungen unter diesem Datum beginnen nicht mit der Ankunft in Berlin, sondern beziehen sich zunächst noch auf Braunschweig, wo Beckett seit dem 5. Dezember, von Hamburg kommend, im Kaiserhof am Friedrich-Wilhelm-Platz logierte. Er hatte die Stadt gründlich durchwandert, vor allem aber das Herzog Anton Ulrich-Museum mit seiner reichen Gemäldesammlung mehrmals besucht. Es waren jedoch weder Rembrandts *Familienbild* noch Vermeers *Mädchen mit dem Weinglas* – »ein schwacher Vermeer in schlechtem Zustand« – und auch nicht die prachtvollen Gemälde von Rubens, die ihn immer wieder dorthin lockten, sondern es war das Selbstbildnis von Giorgione, das ihn in seinen Bann zog. »Betrachte lange den Giorgione mit seinem zugleich intensiven und geduldigen, angst- und kraftvollen Gesichtsausdruck. Wie schön die sorgsam gemalte grün-rote Schulterspange«, notierte er an einem dieser Tage. Giorgione faszinierte den jungen Schriftsteller, wie man seinem *Proust*-Essay (1930) entnehmen kann, schon seit vielen Jahren. Er nahm eine Reproduktion des *Selbstbildnisses* aus Braunschweig mit nach Berlin und schickte gleichzeitig ein Exemplar an seinen Freund Thomas MacGreevy nach London, von dem er wusste, dass er seine Vorliebe für diesen Maler teilte: *»Lass es Dir gut gefallen«*[1], schrieb er in seinem späteren Brief aus Berlin dazu.

Von Braunschweig aus hatte Beckett Ausflüge nach Wolfenbüttel, Riddagshausen und Hildesheim unternommen, und er plante, an diesem Freitag noch Königslutter zu besichtigen, vermutlich wegen der romanischen Stiftskirche in dieser Stadt. Da er jedoch zu spät aufstand, um

Linke Seite: Tauentzienstraße und Kaiser-Wilhelm-Gedächtniskirche, um 1936 den Zug zu erreichen, verzichtete er kurz entschlossen auf weitere Tagestouren in die Umgebung. Vorgesehen waren noch Goslar, Quedlinburg und Halberstadt, doch habe er sich plötzlich *»am Notwendigen – Geld, Laune und Energie – so arm gefunden«*[2], wie er an seinen Buchhändlerfreund Günter Albrecht in Hamburg schreibt, dass er von seinem Vorhaben Abstand nahm, zumal diese Städte vermutlich nur ein Schatten von Hildesheim seien. Daraufhin beschloss er spontan, den Zug um 14.18 Uhr nach Berlin zu nehmen.

Ein letztes Mal geht er noch über den Braunschweiger Altrathausmarkt, vorbei am Eulenspiegelbrunnen und den drei Kirchen – Petri-, Andreas- und Catharinenkirche – bis zum Schloss. Doch der Gedanke an Königslutter lässt ihn nicht los. Er versucht, wenigstens eine Ansichtskarte von der Stadt zu bekommen, leider vergeblich. Stattdessen kauft er einen illustrierten Band über Braunschweig, bestellt einen Prospekt zu einem Buch über Königslutter und lässt beides nach Berlin schicken, an das Hotel, in dem für ihn ein Zimmer reserviert war.

Dann wird es Zeit, an die Abfahrt zu denken, *»collect Gepäckschein«* im Hotel – auch das notiert Beckett im Tagebuch, wohl um sich das Wort einzuprägen –, rasch verzehrt er noch ein Sandwich am Bahnhof, und schon läuft der D-Zug ein, in dem er, offenbar erleichtert (wie ein Ausrufezeichen andeutet), auf einem Platz am Fenster niedersinkt.

Die Fahrt dauert knapp drei Stunden. Dichter Nebel verhüllt die Landschaft. Erst ab Potsdam wird es lichter, und der Blick aus dem Fenster über Felder, Seen und Gehölze in der untergehenden Sonne wirkt wohltuend. Die Reise endet am Potsdamer Bahnhof, einem der fünf Kopfbahnhöfe von Berlin. Als Beckett auf den Bahnhofsvorplatz tritt, ist es schon dunkel, aber Platz und Straßen sind hell erleuchtet. Sein Hotel hingegen liegt in einem eher finsteren Viertel im Norden der Stadt. Ein Taxi fährt ihn quer durch die belebte Innenstadt zur Invalidenstraße, Ecke Chausseestraße, zum Hotel »Deutsche Traube«, das sein Hamburger Pensionswirt Hoppe für ihn ausgesucht hatte. Hoppe kannte wohl den Besitzer des Hotels und hatte vermutlich schon selbst dort gewohnt, wenn er als Reiseleiter mit Gruppen unterwegs war und Station in Berlin machte. »Das Haus geht, die Gegend nicht«, musste er allerdings einräumen; Beckett erinnerte sich daran, als er am zweiten Weihnachtstag in der Zeitung vom »Raubmord an einem Berliner Droschkenschofför« erfuhr. Der erst 22-jährige Täter hatte ausgerechnet an der Kreuzung Invalidenstraße/Chausseestraße ein Taxi angeheuert. Er ließ sich aus Berlin herausfahren bis nach Hohen-Schöpping, brachte den Fahrer um und suchte mit dem erbeuteten Geld das Weite. Der Fall beschäftigte wochenlang die Berliner Presse, bis der Mörder schließlich gefasst war und zum Tode verurteilt wurde.

Trotz der wenig einladenden Gegend ist Beckett vermutlich froh, fürs Erste in der »Deutschen Traube« Unterkunft zu finden. Der Hotelbesitzer Schott empfängt ihn aufs freundlichste. Es ist bereits Post da, die der zuverlässige Hoppe aus Hamburg unverzüglich nachgeschickt hat, damit die Verbindung Becketts mit seiner Familie in Irland, vor allem mit der allein in dem großen Haus Cooldrinagh im Dubliner Vorort Foxrock zurückgelassenen Mutter, nicht abreißt.

Nach einem schalen Bier mit dem Hotelbesitzer macht sich Beckett sogleich auf zu einem ersten Erkundungsgang Richtung Friedrichstraße – »der NS-Achse der Innenstadt«, wie man zunächst etwas erstaunt liest, bis man versteht, dass die Himmelsrichtungen Nord/Süd damit gemeint sind. Hier wie andernorts richtet sich Beckett bei seinen Gängen durch die Stadt nicht nach links oder rechts, sondern stets nach Norden oder Süden, Westen oder Osten. Dementsprechend bildet Unter den Linden die WO-Achse, *»from Brandenburger Tor & Pariser Platz to Zeughaus & Schlossbrücke leading to Museumsinsel«*. Damit hat er das Koordinatenkreuz im Kopf, das ihm in den folgenden Wochen bei allen ausgedehnten Fußmärschen durch die Stadt als Orientierungshilfe nützlich sein wird.

Er geht an diesem Abend zunächst in östlicher Richtung, entlang der West-Ost-Achse: »Unter den Linden«, vorbei an Staatsbibliothek, Universität, Kaiser-Wilhelm-Palais, Ehrenmal, Zeughaus und Kronprinzenpalais. Im Lustgarten ist schon der Weihnachtsmarkt aufgebaut, für Beckett eher ein Hindernis bei diesem ersten Rundgang. Er durchquert ihn eilig, kommt zur Kaiser-Wilhelm-Brücke, biegt ein in die Kaiser-Wilhelm-Straße und folgt der Spandauer Straße bis zum Neuen Rathaus – ein gewaltiger Marsch, erst recht, wenn man bedenkt, dass Beckett am Vormittag bereits mehrere Kilometer durch die Braunschweiger Innenstadt gelaufen war. Das Bedürfnis nach Bewegung, das ihn zu seinen stundenlangen Fußmärschen antreibt, entspricht offenbar der Notwendigkeit, einen Ausgleich für innere Spannungen zu finden. *»Quando il piede cammina, il cuore gode«* (»wenn der Fuß läuft, freut sich das Herz«) – diese Weisheit hatte er von den Italienern übernommen, wobei er jedoch bezeichnenderweise das *godere* (»sich freuen«) in *posare* (»ruhen«) abwandelte: »*gode* ist zuviel, *posa* wäre besser.« Ein »zur Ruhe kommen«[3] des Herzens sei schon viel, von einem Wohlgefühl dabei zu sprechen wäre übertrieben, schreibt er einmal an MacGreevy.

Im Neuen Rathaus, wie Beckett das bereits 60 Jahre alte Rote Rathaus, vielleicht nach einem alten Stadtplan, immer noch nennt, stärkt er sich im Kellerrestaurant, *»Bierabteilung«*, mit Leber und Bier, bricht aber bald wieder in Richtung Potsdamer Platz auf und landet am späten Abend genau dort, wo er einige Stunden zuvor angekommen war. Bevor er mit dem Bus in

Verkehrspolizist vor dem Weihnachtsmarkt am Lustgarten, 1937

Mittelhalle von Haus Vaterland, um 1935

Zeitungsanzeige, 1936

die Invalidenstraße zu seinem Hotel zurückfährt, kauft er eine Zeitung, setzt sich in das riesige Café Vaterland und liest dort zum ersten Mal von der Abdankung des britischen Königs Eduard VIII., der aus Liebe zu einer Mrs. Simpson zugunsten des Herzogs von York auf den Thron verzichtete. Beckett vermerkt das aufsehenerregende Ereignis nur kurz in seinem Tagebuch – allerdings nicht ohne den Zusatz »alle verhurt«, was sich wohl auf die Straßen rings um das Café Vaterland wie auch auf die ganze königliche Sippschaft bezieht.

Die Krise im englischen Königshaus beherrschte tagelang die internationale Presse. Sie hatte nicht nur »etwas menschlich Bewegendes«[4], wie Thomas Mann in seinem Tagebuch vermerkte, sie war auch von erheblicher politischer Tragweite. Irland etwa, zu jener Zeit noch Teil des britischen Staatenbundes, nahm den Wechsel auf dem englischen Königsthron zum Anlass für Verfassungsänderungen, die vor allem im außenpolitischen Handeln eine größere Unabhängigkeit von England bedeuteten. Für den späteren deutschen Reichsaußenminister Joachim von Ribbentrop, damals noch Botschafter in London, stand hinter der Abdankung eine strategische Entscheidung, wie aus einer »ganz vertraulichen« Notiz Ribbentrops an Adolf Hitler vom 2. Januar 1938 hervorgeht: »... Eduard VIII. musste abdanken, weil man nicht sicher war, ob er bei seiner Einstellung eine Deutschland feindliche Politik mitmachen würde.«[5]

EINE PENSION IM ZOO-VIERTEL

Beckett hatte nicht die Absicht, lange in der »Deutschen Traube« zu bleiben. Ein Hotelzimmer konnte er sich für längere Zeit nicht leisten. Darüber hinaus bot das Hotelleben wenig Möglichkeiten, deutsch zu sprechen, was für ihn sehr wichtig war. Er suchte daher eine Gastfamilie oder eine Pension mit wechselnden Gästen; in den ersten neun Wochen in Hamburg hatte er in einer solchen Pension logiert und dabei gute Erfahrungen gemacht. Es war also nicht nur das *»rotten breakfast«* in der »Deutschen Traube«, das ihn schon am nächsten Tag zum Verkehrsverein am Mühlendamm 1 trieb. Aber er hatte Pech, das Büro war samstags geschlossen. Also setzte er erst einmal seine Stadterkundung fort und fuhr in den Neuen Westen, in das Viertel »um die Gedächtniskirche rum«, das Friedrich Holländer mit seiner Revue gleichen Namens bekannt gemacht hatte.

In der englischen Literatur der dreißiger Jahre war das Berliner Zoo-Viertel zu einem festen Begriff geworden. Berlin hatte bis Anfang der dreißiger Jahre ganze Schwärme von englischen Künstlern, Schriftstellern und Intellektuellen angelockt und die Stadt zu einem der größten Anziehungspunkte *entre deux guerres* gemacht. »Das Zoo-Viertel war das Einfallstor zu den Freuden und Schrecken der Stadt«[6], wie Valentine Cunningham in seinem Buch über diese Zeit schreibt. 1936 findet Beckett hier freilich nicht mehr den freien, progressiven Geist, den Schriftsteller wie Christopher Isherwood, Wystan Hugh Auden, Stephen Spender oder Wyndham Lewis in ihren Werken priesen. Aber ein Rundgang durch das Viertel Kurfürstendamm, Joachimsthaler Straße, Kantstraße, Hardenbergstraße überzeugt ihn zumindest davon, dass diese Gegend wesentlich attraktiver ist als der Hamburger Bezirk St. Pauli, den er bei seinem Aufenthalt in der Hansestadt kennen lernte. Noch ahnt er nicht, dass er gerade hier, genau gegenüber vom Eingang zum Zoologischen Garten, eine für ihn bestens geeignete Pension finden wird.

Haus Vaterland am Potsdamer Platz bei Nacht, 1936

Er kehrt zurück in die düstere Invalidenstraße, landet zum Abendessen in einem miesen Lokal unweit des Hotels und bekommt dort das berüchtigte nationalsozialistische Hetzblatt *Der Angriff* in die Hand. »Las zu meiner Schande den Bericht über den ›Mörder‹ Frankfurter«, heißt es

Die Budapester Straße um 1935, im Hintergrund die Kaiser-Wilhelm-Gedächtniskirche. Becketts Pension befand sich auf der linken Straßenseite.

im Tagebuch. »Wie konnte ich mir das antun?« Das in Anführungszeichen gesetzte Wort *»murder«* macht deutlich, mit welchem Widerwillen und innerem Abstand Beckett den propagandistisch aufbereiteten Artikel las. Der jüdische Student jugoslawischer Herkunft, David Frankfurter, hatte in Davos den nationalsozialistischen Landesgruppenführer der Schweiz, Wilhelm Gustloff, erschossen. Nach neunmonatigen Verhandlungen verurteilte das Kantonsgericht Chur den jungen Studenten zu achtzehn Jahren Zuchthaus. Der Vorfall wurde von Intellektuellen aufmerksam registriert. Der Schriftsteller Emil Ludwig zum Beispiel thematisiert den Fall in seinem Buch *Der Mord von Davos*, das noch vor der Verurteilung Frankfurters im Herbst 1936 im Verlag Querido in Amsterdam erschien.[7]

Beckett, der nur über geringe Geldmittel verfügte, fürchtet, mit jedem weiteren Tag im Hotel in größere finanzielle Bedrängnis zu geraten, und steht daher schon am Montagmorgen wieder vor der Tür des Verkehrsvereins. Mit einer Handvoll Adressen zieht er von der Dorotheen- zur Saarlandstraße und weiter zum Belle-Alliance-Platz – »genau so scheußlich wie sein Name« –, findet aber nichts als *»foul holes«,* »dreckige Löcher«. Am nächsten Tag geht die Suche weiter, in der Nürnberger Straße, Eislebenerstraße, Kaiserallee, bis er schließlich in der Budapester Straße 45 die Pension findet, die ihm einigermaßen zusagt. Damit ist er wieder an der Gedächtniskirche. Doch noch zögert er – 4,40 Mark pro Tag bei monatlicher Zahlung ist eigentlich zu viel für sein Budget. Er besichtigt noch einige weitere Fremden- oder Familienheime in der Nähe, ruft dann den Inhaber der Pension in der Budapester Straße wieder an, wirft noch einmal einen kritischen Blick in das Zimmer und schließt für einen Monat ab. Der Einzug wird für den übernächsten Tag vereinbart, doch schon bedauert er die Entscheidung: *»No sooner done than regretted«.*

Als er zwei Tage später das Zimmer wiedersieht, kommt es ihm viel kleiner vor, als er es in Erinnerung hatte. Es ist überheizt, und erneut kommen Zweifel auf. *»Lift very complicated«,* notiert Beckett in seinem Tagebuch, was darauf schließen lässt, dass die Pension in einer der oberen Etagen des vier- oder fünfstöckigen Hauses lag. Es war 1891 von einem Maurermeister Ziechmann erbaut worden und später in den Besitz der »Kunstgewerbe-Haus am Zoo GmbH« übergegangen, die im Erdgeschoss ihre Räume hatte. Am 3. September 1931 wurde das Haus bei der Städtischen Baupolizei aktenkundig: Willy Kempt, der Pensionsinhaber, hatte in diesem Jahr einen Antrag auf Anbringung eines »Transparentkastens mit elektr. Dauerlicht« gestellt, um deutlich auf seine Pension aufmerksam zu machen, die er mit dem Zusatz »u. Familienheim« er-

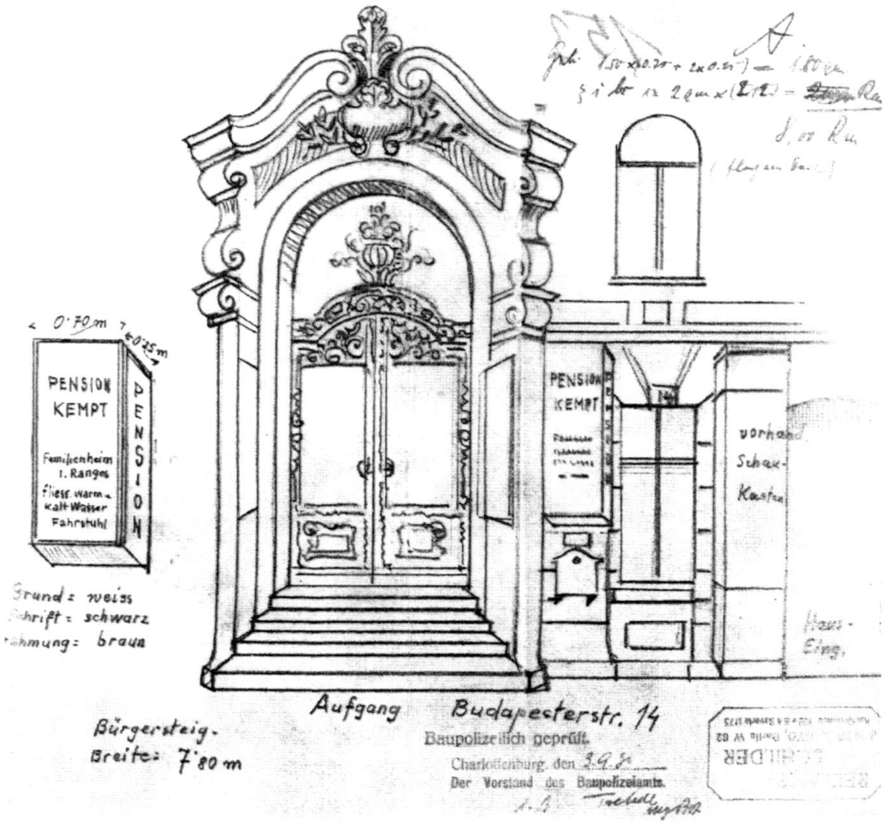

Eingangsbereich des Hauses Budapester Straße 14 (später 45) mit einem Modell des Transparentkastens der Pension Kempt, Zeichnung von 1931

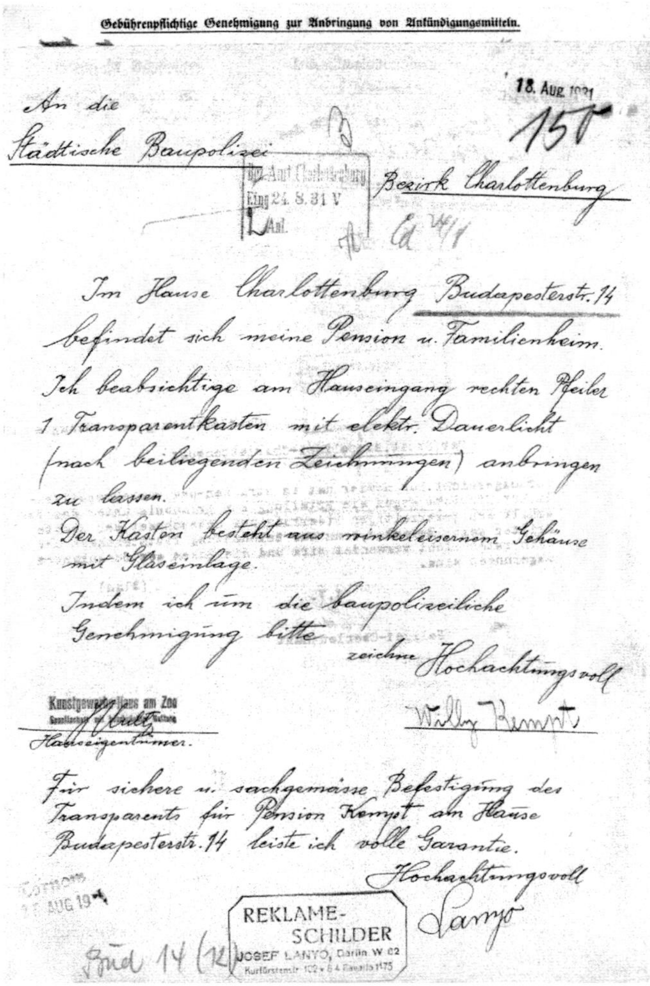

Gebührenpflichtige Genehmigung zur Anbringung von Ankündigungsmitteln.

18. Aug 1931

150

An die
Städtische Baupolizei
Bezirk Charlottenburg

Bz. Amt Charlottenburg
Eing 24. 8. 31 V
Anl.

Im Hause Charlottenburg Budapesterstr. 14 befindet sich meine Pension u. Familienheim.
Ich beabsichtige am Hauseingang rechten Pfeiler 1 Transparentkasten mit elektr. Dauerlicht (nach beiliegenden Zeichnungen) anbringen zu lassen.
Der Kasten besteht aus winkeleisernem Gehäuse mit Glaseinlage.
Indem ich um die baupolizeiliche Genehmigung bitte
zeichne Hochachtungsvoll
Willy Kempt

Kunstgewerbehaus am Zoo
Hauseigentümer.

Für sichere u. sachgemässe Befestigung des Transparents für Pension Kempt am Hause Budapesterstr. 14 leiste ich volle Garantie.
Hochachtungsvoll
Lanyo

REKLAME-SCHILDER
JOSEF LANYO, Berlin W 62

Bud 14 (12)

Antrag des Pensionsbesitzers Willy Kempt vom August 1931 auf die Genehmigung zur Anbringung eines »Transparentkastens mit elektr. Dauerlicht«.

gänzt. Es scheint eine kleine Pension gewesen zu sein, die nur über wenige Räume verfügte. Die Gäste hatten offenbar kein eigenes Bad, denn Kempt kommt, wie Beckett berichtet, eines Abends zu dem irischen Gast und schlägt ihm vor, ein Bad zu nehmen, da gerade sonst niemand in der Wohnung sei und das Wasser im Badeofen die richtige Temperatur habe. Auch von einem Frühstückszimmer oder einem Aufenthaltsraum ist nie die Rede. Alle Gespräche mit anderen Pensionsgästen fanden offenbar bei Pensionswirt Kempt in der Küche statt.

Nicht nur das Zimmer war klein, auch das Bett war etwas zu kurz. Doch Beckett fand sich damit ab und begnügte sich auch mit dem Frühstück, das ihm wohl aufs Zimmer gebracht wurde und nicht üppig war, aber *»tolerable«*. Die Hauptmahlzeiten nahm er, anders als in Hamburg, nicht in der Pension ein.

Es ist ein kurioser literaturhistorischer Zufall, dass die Kempt'sche Pension genau an der Stelle stand, wo Theodor Fontane seinen Berlin-Roman *Irrungen, Wirrungen* spielen lässt, »an dem Schnittpunkte von Kurfürstendamm und Kurfürstenstraße, schräg gegenüber dem ›Zoologischen‹«[8]. Beckett kannte 1936, als er sich in Berlin aufhielt, anscheinend noch nichts von Fontane, obwohl man bis vor kurzem stets davon ausging, dass er zumindest *Effi Briest* bereits bei seinen Verwandten in Kassel in die Hände bekommen hatte. In einem vor wenigen Jahren aufgefundenen Brief an seinen Buchhändlerfreund Albrecht in Hamburg vom 30. März 1937 aus München bedankt sich Beckett bei Albrecht »für den Fontane, den ich weder besitze noch gelesen habe«[9]. Es handelt sich um den Roman *Effi Briest,* der in Becketts Hörspiel *Alle, die da fallen* und in dem Einakter *Das letzte Band* erwähnt wird, was die Beckett-Forschung immer wieder zum Nachdenken über die Bedeutung von Fontane für Becketts Werk herausgefordert hat. *Irrungen, Wirrungen* las Beckett später, wie sein Biograf James Knowlson berichtet, während der Proben zu seinem Stück *Play/Spiel* 1978 in Berlin zum wiederholten Male und fand den Titel sehr angemessen für das, was sich gerade bei den Proben auf der Bühne abspielte. Beckett wohnte damals wieder gegenüber vom »Zoologischen«, allerdings auf der anderen Seite, in der Akademie der Künste am Hanseatenweg. Das Haus in der Budapester Straße war, wie der ganze Häuserkomplex Budapester Straße/Tauentzienstraße, im Krieg durch Bomben zerstört worden. Unter der Hausnummer 45 findet man heute das luxuriöse »Hotel Palace« – und ein paar Schritte davon entfernt, im Europa-Center, den Eingang zu einem »Irish Pub«.

SCHMALE BÖRSE, SCHMALE KOST

Nachdem das Problem der Unterkunft gelöst war, blieb noch die Frage der Mahlzeiten. Da er in der Pension nur frühstückte, musste er zweimal am Tag entscheiden, wann, wo und was er essen wollte. Beckett gehörte nicht zu denen, die gerne neue

Belegte Brötchen und andere Speisen in der Theke eines »Aschinger«-Restaurants, um 1936

Lokale und neue Gerichte ausprobieren. Es lag daher nahe, sich nach einer Reihe von Stammlokalen umzusehen. Berlin war Standort mehrerer Großbrauereien – unter anderen »Schultheiß-Patzenhofer«, »Pschorr-Bräu«, »Franziskaner« –, die Gaststätten in allen Stadtvierteln unterhielten. In diesen so genannten Bierrestaurants oder Bierquellen wurden preiswerte Gerichte verabreicht, genau das Richtige für einen Gast wie Samuel Beckett, der nicht wählerisch war und das Essen eher als lästige Notwendigkeit empfand. Anfangs war es der »Franziskaner« unter dem Stadtbahnbogen Bahnhof Friedrichstraße, wo er zur Mittagszeit einkehrte. Das Lokal lag am Wege, wenn er von der Museumsinsel kam. Beckett hielt in seinem Tagebuch nicht nur akribisch fest, wo er aß, sondern notierte auch jedes Mal, was er zu sich nahm: »*Eggs & spinach in Fran-*

Gaststätte der »Pschorr«-Brauerei in der Tauentzienstraße 13, Ecke Rankestraße, um 1938

Eine »Molle«, Aufnahme in einer Aschinger-Gaststätte um 1936

ziskaner Imbiß kip« oder ganz einfach *»Studentenessen«*. Später entdeckte er, dass ein Mittagsgedeck bei einer der »Aschinger«-Bierquellen in der Friedrichstraße billiger und besser war: *»Eat Fleischhachee in Aschinger. Half the price, at least as good, & more of it as in Franziskaner«*. Die Liste der Speisen in den sechs Berliner Wochen weist wenig Abwechslung auf. Beckett bevorzugte vegetarische Gerichte und Fisch. Manchmal genügte am Abend ein Camembert bei »Pschorr Bräu« in der Tauentzienstraße 13, Ecke Kantstraße, unweit seiner Pension oder ein Leberwurstbrot im Romanischen Café, mit ein oder zwei *»small Kindls«* oder *»beer & Kümmel = eine Molle«* oder auch nur einem Kaffee. Seine Esslust war nie groß gewesen und sein Körpergewicht entsprechend: *»60,6 kg = 96 lb«*, wie er einmal notiert.

Bei seiner Vorliebe für einfache Kost – Bauernfrühstück war und blieb eines seiner Lieblingsgerichte – ist es fast verwunderlich, dass er die zu jener Zeit alle vier Wochen verordneten »Eintopf-Sonntage« als ein Gräuel empfand. *»Eintopf, pfui!«*, notierte er schon in Hamburg, als er am zweiten Sonntag nach seiner Ankunft von dieser staatlichen Verordnung überrascht wurde. Sie gehörte zu den mit großem propagandistischen Aufwand inszenierten Maßnahmen des von der NSDAP im Oktober 1933 gegründeten Winterhilfswerks und war eine Einnahmequelle, aus der parteitreue Bedürftige unterstützt wurden. Als besonders geeignet für diesen Tag wurde beispielsweise Irish Stew empfohlen, ein Gericht, das Beckett sarkastisch als *»Arish Stew«* in seinem Tagebuch vermerkt.

Während seines Berlin-Aufenthaltes fiel der Eintopf-Sonntag auf den dritten Advent, den Silbernen Sonntag. *»Go into Aschinger, the Berlin Lyons, unspeakable Eintopf, pfui!«*, schreibt er. Ist es die Bevormundung des Staates, die in der Formel »Am Sonntag Pflicht – Eintopfgericht« ihren knappen Ausdruck findet, die ihn empört? Oder steckt dahinter etwas anderes? Bei Beckett ist immer damit zu rechnen, dass Worte Assoziationsketten anstoßen – ein Vorgang, der in vielen seiner Werke zu beobachten ist. So benutzt Beckett in *Watt* das Wörtchen *pot*, um daran eine semantische Unsicherheit zu demonstrieren, in *Erste Liebe* ist es das schöne französische Wort *vase de nuit* für Nachttopf, über das der Protagonist ins Nachsinnen gerät. Und auffallend ist schließlich, dass *pot* noch einmal in der redensartlichen französischen Wendung *Autour du pot* (»tourner autour du pot«: um den heißen Brei kreisen oder herumreden) als einer der Titel auftaucht, die Beckett für seinen Roman *Mercier et Camier* in Erwägung zog.

Das Zimmer in der Pension war vermutlich wenig dazu geeignet, dort die Abende zu verbringen. Aber gleich um die Ecke, am Auguste-Viktoria-Platz, dem heutigen Breitscheidplatz, lag das legendäre Romanische Café. Das im neoromanischen Stil erbaute Haus mit der Front zur Gedächt-

niskirche war nach dem Ende des Ersten Weltkriegs *der* Sammelpunkt von Literaten, Kritikern, Schauspielern, Malern, Politikern und der Berliner Bohème. »Hier traf sich alles, was zwischen Reykjavik und Tahiti von Beruf oder aus Liebhaberei mit den Musen und Grazien in irgendeiner Beziehung stand«, schreibt Günther Birkenfeld über den »Wartesaal des Genius«, wie er das Café nannte.[10] Aber dessen Glanzzeit lag schon einige Jahre zurück. Sie hatte mit dem »Exodus des Geistes« 1933 ein rasches Ende genommen. Dort, wo Berühmtheiten wie Max Reinhardt, Alfred Döblin, Richard Tauber oder Egon Erwin Kisch im speziell für sie reservier-

Eintopfessen für das Winterhilfswerk an der Kaiser-Wilhelm-Gedächtniskirche, 1935

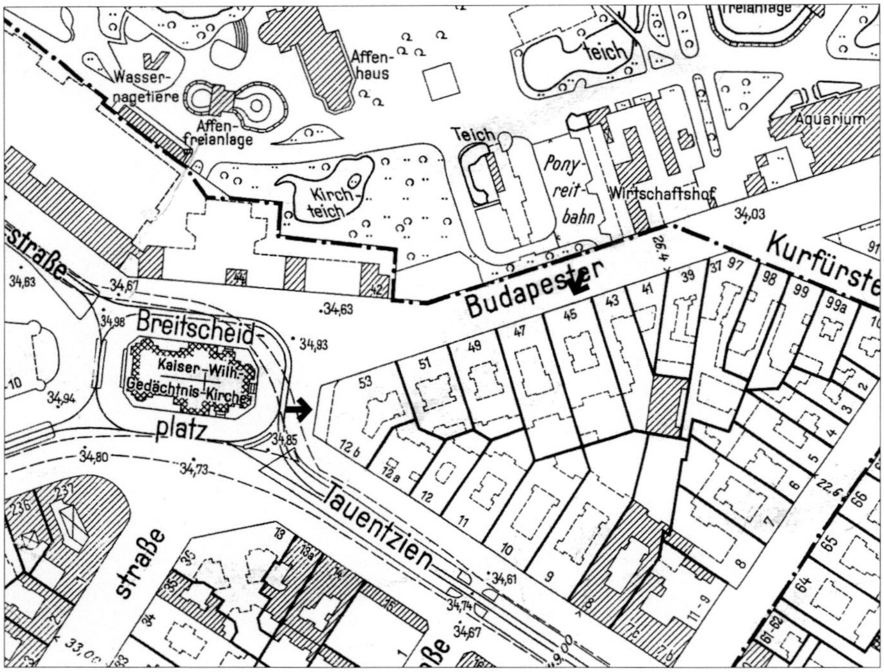

Areal um den Breitscheidplatz (vormals Auguste-Viktoria-Platz), Karte von 1953. Markiert sind die Parzelle Budapester Straße 45, wo das Haus mit der Pension Kempt stand, und der ehemalige Standort des Romanischen Cafés.

ten Raum, dem »Bassin der Schwimmer«, zusammensaßen, während junge Talente ihren Kaffee im »Bassin der Nichtschwimmer« trinken mussten, herrschte im Dezember 1936 oftmals gähnende Leere. Der englische Schriftsteller Christopher Isherwood schildert in seinem *Berliner Tagebuch*, wie sich dieser Treff der Berliner Kulturszene nach der Machtübernahme veränderte:

»Ich sitze jeden Abend in dem großen halbleeren Künstlercafé an der Gedächtniskirche, wo Juden und linksgerichtete Intellektuelle über den Marmortischen die Köpfe zusammenstecken und leise und verängstigt miteinander reden. ... Fast jeden Abend kommt die SA ins Café. Manchmal sammeln sie nur Geld; jeder wird genötigt, etwas zu geben. Manchmal kamen sie auch, um jemand zu verhaften ...«[11]

Den Eindruck der Verödung hinterließ dieser vormals so belebte Ort auch bei Jean-Paul Sartre, der 1933/34 das Institut Français in Berlin leitete. Als Simone de Beauvoir ihn im Februar 1934 in Berlin besuchte, hatte man, wie sie in ihrem Buch *In den besten Jahren* schreibt[12], auf den ersten Blick noch nicht den Eindruck, dass auf der Reichshauptstadt eine Diktatur lastete. Bei ihren Spaziergängen vom Kurfürstendamm zum Alexanderplatz kehrten sie häufig ein, um sich aufzuwärmen. Sartre zeigte seiner Begleiterin auch das Romanische Café, »den einstigen Treffpunkt der Intellektuellen«, und hier spürten sie deutlich den Schatten des neuen Regimes. Seit einiger Zeit schon waren hier keine Literaten und Künstler mehr anzutreffen.

Beckett scheint zunächst nichts von der lebendigen Vergangenheit dieses Ortes gewusst zu haben, wo er in jenen Wochen fast jeden Abend einkehrte. Er nennt es anfangs des Öfteren *Römisches* Café, berichtigt sich später und unterstreicht *»Romanisches Café, so-called Künstlerlokal«.* Und er wusste natürlich ebenso wenig, dass Sartre, den er aus seiner Zeit als Lektor an der Ecole Normale Supérieure in Paris kannte und mit dem er dort unter einem Dach gewohnt hatte, zwei Jahre früher in eben diesem Lokal gesessen und vermut-

Das Romanische Café am Auguste-Viktoria-Platz, um 1935

lich nicht nur mit seinen Studien über Husserl oder Heidegger, sondern auch mit seinem Roman *Melancholia* beschäftigt gewesen war. Wie Beckett mit seinem Roman *Murphy* hatte auch Sartre Mühe, einen Verleger zu finden. Erst im Frühjahr 1938 erschien Sartres aufsehenerregendes Werk, unter dem veränderten Titel *Der Ekel*, übrigens fast zur gleichen Zeit wie *Murphy.* Beckett war da schon in Paris sesshaft geworden, las den »melancholischen« Roman, der sein eigenes Lebensge-

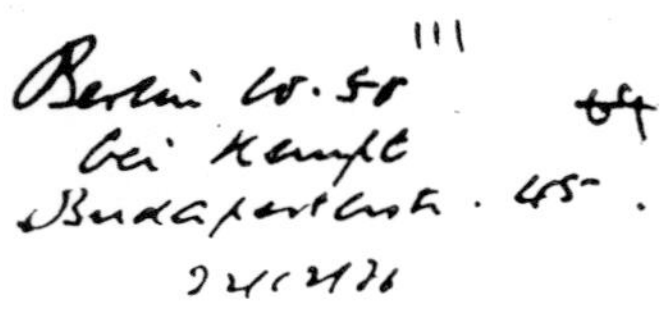

Briefkopf Becketts während seines Berlin-Aufenthalts

fühl widerspiegelte, mit großem Interesse und fand ihn »außerordentlich gut«.

Beckett war es ganz recht, am Abend ungestört im Romanischen Café sitzen zu können. Hier fand er immer einen Platz, während die Cafés am Kurfürstendamm überfüllt waren. Kulinarisch hatte das Lokal nicht viel zu bieten. Schon in seinen besten Zeiten hatte es diesbezüglich einen schlechten Ruf. »›Meine Stammgäste essen woanders‹, pflegte der Besitzer zu sagen, ›wenigstens die, die Geld haben. Und die, die kein Geld haben, essen höchstens zwei Eier im Glas. Und auch die werden noch geteilt‹«, schreibt Géza von Cziffra[12]. Beckett bestätigt es: *»Eat foully in Röm. Café«*, sogar am Silvesterabend.

Früher hatte das Café einen eigenen Zeitungskellner gehabt, was sich bei den wenigen Gästen nach 1933 vermutlich nicht mehr lohnte. Aber ein Zeitungsverkäufer schien hier immer noch eine interessierte Klientel zu wittern. »Ein Mann kommt rein und versucht, Zeitungen zu verkaufen! So heißblütig und zugleich so höflich, wie ich es noch nie erlebt habe«, notiert Beckett. Hier im Romanischen Café liest er die Abendausgaben der Berliner Blätter, die *Frankfurter Zeitung* oder den *Simplizissimus*. Hier vertieft er sich in Karl Heinemanns *Deutsche Dichtung*, eine Taschenausgabe, die er aus Hamburg mitgebracht hat, *»written before the Machtübernahme«*. Hier durchblättert er Museumsführer und Kunstkataloge, die er am Tag erworben hat. Hier liest er auch *Maria Stuart*, bevor er sich die Aufführung im Schauspielhaus am Gendarmenmarkt ansieht, oder er verfolgt im Stadtführer noch einmal die Wege, die er am Tag gegangen ist. Auch einen Teil seiner umfangreichen Korrespondenz scheint er im R. C. erledigt zu haben. Er war selbst ein eifriger Briefschreiber und wartete ungeduldig auf die dreimal täglich ausgetragene Post – ein Tag ohne Post, was selten vorkam, war für ihn »ein trüber Tag«.

Er kaufte Dutzende von Ansichtskarten, vor allem in den Museen, auch dann noch, als er jeden Pfennig umdrehen musste und *»money knapper & knapper«* wurde. Trotzdem: »Gehe durch zum Deutschen Museum und kaufe 14 Postkarten, dann schnell und ohne einen Blick zurück zum Eingang des K. F. M. und kaufe noch zehn dazu, 15 Pfg das Stück, 3.60.« Die minutiöse Buchführung war nötig, um die Ausgaben unter Kontrolle zu halten. Am 17. Dezember wechselte er seinen drittletzten Fünfzigmarkschein und rechnete sich aus, dass ihm täglich etwa acht Mark blieben, bis die nächste Überweisung von seiner Mutter eintreffen würde. Bei einer unerwarteten Extraausgabe säße er in der Tinte – *»in the ink!«* Zum Glück wurde das Geld früher als erwartet angewiesen: 623 Reichsmark. Doch er musste weiter haushalten, denn der nächste Wechsel würde ihn erst Ende Januar in Dresden erreichen, und er wollte noch unterwegs in Naumburg, Weimar, Erfurt und Leipzig Station machen.

1 Beckett an Thomas MacGreevy, Brief vom 22.12.1936 aus Berlin

2 Beckett an Günter Albrecht, Brief vom 31.12.1936 aus Berlin

3 Beckett an Thomas MacGreevy, Brief vom 5.5.1935 aus Cooldrinagh, Foxrock

4 Thomas Mann: Tagebücher 1935–1936. Hg. von Peter de Mendelssohn, Frankfurt a.M. 2003, S. 405

5 Der Nationalsozialismus, Dokumente 1933–1945. Hg. und kommentiert von Walther Hofer, Frankfurt a. M. 1957, S. 191

6 Valentine Cunningham: British Writers of the Thirties, Oxford 1988, S. 88

7 Peter O. Chotjewitz hat den Text mit ergänzenden Kommentaren 1986 noch einmal herausgebracht: Emil Ludwig und Peter O. Chotjewitz: Der Mord in Davos, Herbstein 1986

8 Mit diesen Worten beginnt der erste Satz von Fontanes Roman *Irrungen, Wirrungen*. Der Straßenzug der Budapester Straße von der Gedächtniskirche bis zum Landwehrkanal gehörte ursprünglich zum Kurfürstendamm und erhielt erst 1925 seinen jetzigen Namen.

9 Beckett an Günter Albrecht, Brief vom 30.3.1937 aus München

10 Jürgen Schebera: Damals im Romanischen Café ..., Leipzig, o. J., S. 30

11 Christopher Isherwood: Ein Berliner Tagebuch. In: ders.: Leb' wohl Berlin, Hamburg 1949, S. 114 ff.

12 Simone de Beauvoir: In den besten Jahren, Reinbek 1996

13 Géza von Cziffra: Der Kuh im Kaffeehaus, München 1984, S. 240

BERLIN – »EINE GESCHWÄTZIGE SPHINX«

STADTRUNDGÄNGE

Samuel Beckett war vor allem der Kunst, insbesondere der Museen wegen nach Deutschland gekommen. Aber wo immer er war, erkundete er nicht nur systematisch die Bildergalerien, sondern mit der gleichen Gründlichkeit auch die Stadt, in der er sich aufhielt. Mit einem *Baedeker* oder *Grieben* in der Hand durchwanderte er die einzelnen Viertel und notierte am Abend sämtliche Wege, die er gegangen war. So war er in Hamburg verfahren, so auch in Lübeck und in allen Städten auf der Fahrt von Hamburg nach Berlin: Lüneburg, Hannover, Braunschweig, Hildesheim, Wolfenbüttel und Riddagshausen. Mithilfe seines Tagebuchs ist es möglich, ihm bei seinen Streifzügen auf Schritt und Tritt zu folgen – man könnte beinahe eine Art Kurzfassung des *Baedekers* oder *Grieben* danach erstellen, denn es gehörte zu den Eigenarten des Tagebuchschreibers, dass er jede Straße, jeden Platz namentlich aufführt, dazu die Bauwerke und vor allem die Kirchen, die er überall mit kenntnisreichem Blick besichtigt. So geht er auch in Berlin vor, wo er sich gleich am Tag nach seiner Ankunft in der Akademischen Buchhandlung in der Ferdinandstraße (heute Planckstraße) den *Grieben* für *Berlin und Umgebung* kauft. Bei seinen Stadtrundgängen hält er sich durchweg an diesen Reiseführer, der seine Stadtbeschreibung in zehn Kapitel einteilt:

- Die Friedrichstadt und ihre Umgebung
- Das alte Berlin
- Der Tiergarten
- Der Alte Westen
- Der Neue Westen
- Charlottenburg
- Die südwestlichen Stadtteile
- Die südlichen Stadtteile
- Die östlichen Stadtteile
- Die nördlichen Stadtteile

Beckett durchwandert die ersten sechs Stadtteile fast in derselben Reihenfolge, wie sie im Buch aufgeführt sind. Was im *Grieben* auf siebzig Seiten beschrieben wird, kann man in knapper Form, hier und da mit persönlichen Anmerkungen ergänzt, auf Englisch im Tagebuch nachlesen. Nehmen wir als Beispiel den ersten Rundgang am Mittwoch, dem 16. Dezember 1936. Beckett beginnt die Stadterkundung, wie der *Grieben*, mit der Friedrichstadt.

Nach einem langen Vormittag bei den Italienern im Kaiser-Friedrich-Museum verlässt er kurz nach 13 Uhr die Museumsinsel und geht zu *»eggs & spinach in*

Titelblatt des Grieben-Reiseführers von 1936

Linke Seite: Lustgarten mit Dom, um 1936

Der Boulevard Unter den Linden mit dem Zeughaus und der Neuen Wache, um 1936

Franziskaner« am Bahnhof Friedrichstraße. Dann macht er sich auf zur Ecke Friedrichstraße/Unter den Linden und wandert langsam in östlicher Richtung. Im Tagebuch notiert er in 27 Zeilen, was im *Grieben* auf sieben Seiten ausführlich beschrieben ist:

»Cafés U.d.L. & Kranzler. Wine merchant Habel (Kellermeister Friedrichs d. G.), Hôtel de Petersbourg, formerly ›Dorado aller Feinschmecker‹, where Moltke used to lunch. Staatsbibliothek, Niederländisches Palais, Altes Palais, with room where Kaiser Wilhelm used to look out at Changing of the Guard, Equestrian Statue of F.d.G. by Rauch. Forum Fridericianum, i.e. University and buildings about Opernplatz, Aulagebäude der U., a gay Austrian barock by Fischer v. Erlach, formerly Königliche Bibliothek, called by Berliners the ›Kommode‹ with F.d.G.'s inscription Nutrimentum Spiritus, translated as ›Spiri-

tus ist ein Nährungsmittel‹ Opera House & catholic St. Hedwigskathedrale. Ehrenmal with pleasant quiet square with chestnut trees behind it, Am Festungsgraben, or ›Kastanienwäldchen‹, bounded on N. by Preuss. Finanzministerium & Singakademie. [Prinzessinnen-] & Kronprinzenpalais, connected by overhead passage, latter spoiled by 19th century addition (2nd storey, eastern addition & balcony on Corinthian pillars). Zeughaus, best barock in Berlin after Schloss, with sculpture over doorway by Schlüter. Schinkelplatz, with brick Bauakademie by Schinkel. Little further Werderscher Markt, with 19th cent. Gothic Friedrichswerdersche Kirche & pleasant Bärenbrunnen in red sandstone by Lederer. On over Schlossbrücke. Can't see Lustgarten for the Weihnachtsmarkt (old man painting the scene from W-side of bridge) but enough to realise how the prospect between Altes Museum on N. & Schloss on S. is ruined by the awful 1900 Italian Barock Dom. Schlossbrücke built by Schinkel in place of old wooden Hundebrücke, because of statues from Rauch school representing career of a hero called the Puppenbrücke. Getting dark & I frozen …«

Zwei Tage später – er ist inzwischen von der Invalidenstraße in die Budapester Straße umgezogen – setzt er die Besichtigung mit einem Gang durch das alte Berlin fort. Diesmal hatte er am Vormittag im Deutschen Museum die deutschen Maler des 15. und 16. Jahrhunderts studiert, danach wiederum im »Franziskaner« pausiert und beginnt anschließend seine Stadttour an der Kurfürstenbrücke. Die

Berliner Weihnachtsmarkt im Lustgarten, Gemälde von Paul Hauptmann, um 1936

Reiterstatue des Großen Kurfürsten, die 1936 noch dort stand, war so aufgestellt, »dass die für jede Reiterstatue ungünstige Rückansicht ausgeschaltet ist«[1]. Beckett notiert derb-lakonisch *»rump to water«* (»Hinterteil zum Wasser«), dazu den Vermerk aus dem *Grieben* mit zwei Ausrufezeichen. (Seit 1952 steht das Bronzewerk im Ehrenhof des Charlottenburger Schlosses.) In der Burgstraße ist die Nummer 16, das Hotel »König von Portugal«, bemerkenswert, von dem es im *Grieben* heißt, »dass es sich mit der ›Goldenen Gans‹ in Breslau um den Ruhm streitet, Schauplatz von Lessings ›Minna von Barnhelm‹ zu sein«[2]. Beckett notiert auch das und wird sich dabei an Wolfenbüttel erinnert

haben, wo er zehn Tage zuvor die beiden Lessing-Häuser besichtigte. Später schrieb er an Günter Albrecht, seinen Buchhändlerfreund, nach Hamburg: »*In der Heiterkeit von Wolfenbüttel hätte ich nicht gebraucht, das erste Fragment in der August-Bibliothek zu lesen, um mir Lessing gegenwärtig zu machen. Es liegt nämlich in dieser kleinen Stadt jene französische Kühle, die ich so oft bei Lessing selbst zu fühlen geglaubt habe. Ich habe nie verstehen können, wie ein so cartesischer Geist den Geist von Descartes so ganz und gar habe missverstehen können.*«[3]

Beckett hätte sich gern im »König von Portugal« einquartiert, zumal die Zimmerpreise, von 3 Reichsmark aufwärts, erschwinglich schienen: »*Feel it would be pleasant to live here, looking out on the Spree, the Schloß & the Dom.*« Einen solchen Ausblick konnte ihm die Pension Kempt selbst für einen Tagespreis von 4,40 Reichsmark nicht bieten. Dennoch zieht er nicht um. Das Hotel hätte für ihn sicher noch an Reiz gewonnen, wenn er gewusst hätte, dass auch Franz Grillparzer dort 1826 logierte, dessen »*Jason & Medea trilogy*« (*Das goldene Vlies*) er in den Wochen vor seiner Abreise nach Deutschland voller Bewunderung gelesen hatte. Allerdings fand Grillparzer in dem Gasthof nur eine »schlechte Stube«, und die Speisekarte hatte nicht mehr als zwei warme und drei kalte Gerichte zu bieten. »In Wien ist man mit zwanzig Nummern kaum zufrieden«, schreibt der österreichische Dramatiker in seinem Reisebericht.[4]

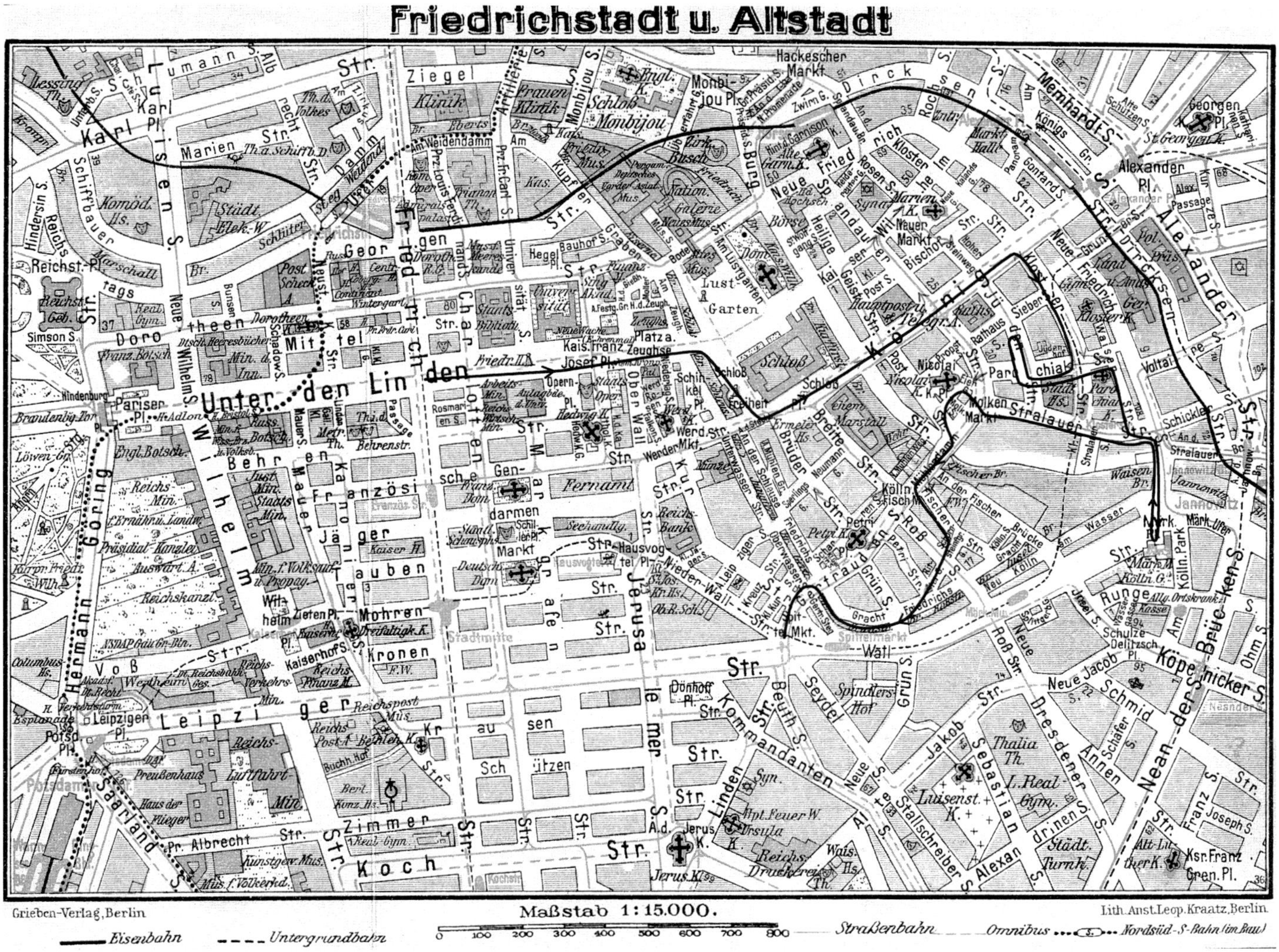

In der Heilig-Geiststraße fällt Beckett an der Nummer 38 der »Neidkopf« auf, den, laut *Grieben*, der dort wohnende Juwelier mit Genehmigung von Friedrich Wilhelm I. einst dort anbringen durfte – zum Verdruss der neidischen Ehefrau seines Rivalen gegenüber.[5] Auf diese anekdotische Notiz folgen Namen von Gebäuden, Plätzen, Kirchen und Kapellen am Wege; erwähnt wird auch das riesige Israel Kaufhaus gegenüber dem Roten Rathaus und unweit davon die Jüdenstraße, *»where Horst*

Spaziergang Becketts am Nachmittag des 19. Dezembers 1936. Die Karte stammt aus dem *Grieben*-Reiseführer.

Linke Seite: Vorderfront des im Jahre 1700 erbauten Hotels »König von Portugal« in der Burgstraße 16, um 1930

Gasthaus »Zum Nußbaum« in der Fischerstraße, 1936

Wessel spent his youth!« Als Beckett am Abend in der Nähe des Stettiner Bahnhofs seine Wäsche aus der Wäscherei holt und an der Eichendorffstraße auf den Bus wartet, fällt ihm auf, dass das ganze Häuserkarree nach den ihm vertrauten Romantikern Tieck, Schlegel und Novalis benannt ist: *»pleasant street complex«*, lautet sein Kommentar.

Den zweiten Teil des alten Berlin besichtigt er schon am folgenden Tag. Diesmal führt ihn der Weg über die Königstraße und Klosterstraße vorbei am Gymnasium Zum Frauenkloster, wo Bismarck zur Schule ging, zur Klosterkirche mit ihrem »reichgegliederte[n] Chor in edelster Gotik [...], das sehenswerteste mittelalterliche Bauwerk der Reichshauptstadt«[6], wie es im *Grieben* heißt. *»Klosterkirche with pure gothic choir, best piece of medieval in Berlin, that I get a glimpse of before I am turned out«*, notiert Beckett. Von der Parochialstraße macht er noch einmal einen Abstecher in die Jüdenstraße, wo Wessel »geworfen oder zumindest gesäugt wurde«, wie er angewidert schreibt, und kopiert die am Haus Nr. 51/52 angebrachte Inschrift: *»In diesem Hause / wurden Horst u. Werner Wessel / zu Kämpfern um Deutschlands Ehre u. Freiheit.«*

Von der Jüdenstraße geht Beckett zurück zur engen, alten Waisenstraße mit den hübsch bemalten Häusern linkerhand. Auf der Waisenbrücke hat er zum

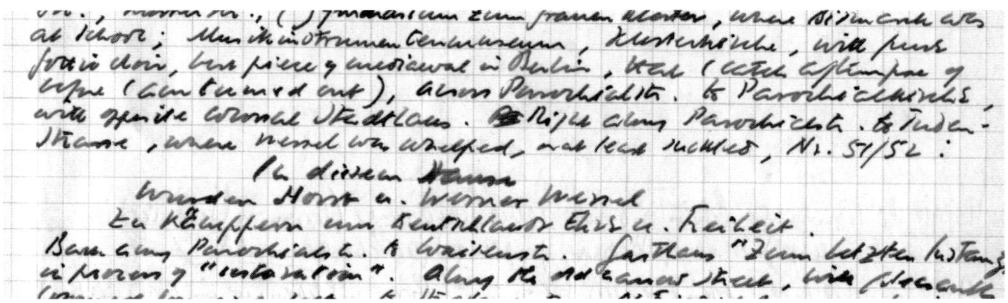
In diesem Hause
wurden Horst u. Werner Wessel
zu Kämpfern um Deutschlands Ehre u. Freiheit.

Ausschnitt aus Becketts Tagebuch

ersten Mal das Gefühl, dass sich die beiden Arme der Spree, welche die Insel umklammern, hier tatsächlich zu einem richtigen Fluss vereinen, und es drängt sich ihm ein Vergleich mit den Wasserläufen seiner Heimatstadt Dublin auf: »habe bis jetzt nichts anderes gesehen als ein Mitteldding zwischen Poodle & Royal Canal.« Er wirft noch einen Blick auf den gefälligen roten Backsteinbau des Märkischen Museums und hinüber zu den beiden schlanken Türmen der Nicolaikirche, der ältesten Kirche Berlins. Das Ephraimpalais an der Ecke Poststraße/Mühlendamm ist durch ein Gerüst verstellt. In der Fischerstraße 28 erinnert das Gasthaus »Weißes Ross« an Michael Kohlhaas und die entsprechende Szene in der berühmten Novelle von Heinrich von Kleist. Der alte Gasthof »Zum Nussbaum« an der Ecke sieht einladend aus, doch Beckett zieht die billige Konditorei »Zuntz« am Spittelmarkt zum Aufwärmen vor.

Der nächste Punkt in Becketts Besichtigungsprogramm ist der Tiergarten, den er am Sonntag, dem 20. Dezember, auf dem Rückweg vom Kaiser-Friedrich-Museum durchwandert. Den Neuen Westen lernt er beim Besuch des Tell-Halaf-Museums kennen, das sich damals unweit des Platzes Am Knie (heute Ernst-Reuter-Platz) befand. Den sechsten Rundgang, Richtung Charlottenburg, macht er am Vormittag des 24. Dezember. Die südwestlichen, südlichen, östlichen und nördlichen Stadtteile reizen ihn offenbar nicht.

ZWEI EXKURSIONEN AM RANDE

Nach drei Wochen hat ihm die Stadt nicht mehr viel Neues zu bieten, und da er auch keine Lust hat, sich unter die Sonntagsbesucher in den Museen zu mischen, fährt er am ersten Sonntag des neuen Jahres kurz entschlossen mit der S-Bahn hinaus nach Erkner – »denn es sieht vielversprechend aus auf der Karte, zwischen Dämeritzsee und Flakensee, am Westrand von Wäldern, nördlich des Oberspree-Rennplatzes in Karlshorst.« In Erkner angekommen, weiß er nicht recht, welche Richtung er einschlagen soll, wendet sich an einen Mann in grünen Knickerbockern, mit Wanderstiefeln und Wanderstock, »offensichtlich einer, der sich auskennt und für einen Tagesmarsch gerüstet ist«, und lässt sich von ihm in südöstlicher Richtung durch den Wald zum Störitzsee führen, wo der Mann, zu Becketts Erleichterung, in einer »*Wirtschaft (Fischerhütte)*« verschwindet. Jetzt hat Beckett die Orientierung wiedergefunden und setzt zu einem Gewaltmarsch an, zunächst in nordöstlicher Richtung, auf Hangelsberg zu, wo er nach ungefähr drei Stunden ankommt. Kurze Pause und kleine Stärkung bei »Patzenhofer« am Bahnhof, und schon geht es weiter nach Fürstenwalde. Die Dämmerung bricht herein, er kommt noch einmal vom Weg ab und muss das letzte Stück sogar im Dunkeln zurücklegen. Am Bahnhof angekommen, stellt er mit Genugtuung fest: »*the 11 km in* $1\frac{3}{4}$ *hrs.,*

Straßenschild mit Zusatztafel, um 1936

good going.« Das Warten auf den nächsten Vorortzug und die lange Rückfahrt auf den harten Holzbänken der S-Bahn sind für den Wandermüden noch einmal eine Geduldsprobe. Zum Abschluss des Tages bleibt nur noch Zeit und Kraft für ein »ledriges Gulasch« bei »Schultheiß« um die Ecke und für ein Bier im Romanischen Café.

Gleich am nächsten Morgen macht er sich auf zu einer neuen Expedition. Es ist Montag, alle Museen außer der für ihn wenig attraktiven Nationalgalerie sind geschlossen. Das Ausflugsziel an diesem Tage liegt nicht, wie am Sonntag, 24 km außerhalb der Stadt, sondern noch im südöstlichen Stadtbereich: Es ist der Hermannplatz, der Nukleus von Neukölln, zu dem er sich aufmacht. Sein eigentliches Interesse aber galt wohl einem anderen Ort, dem nahe gelegenen Flughafen Tempelhof. Offenbar reizte ihn die Aussicht, dort das Starten und Landen der Flugzeuge verfolgen zu können, denn er hatte sich wenige Monate zuvor noch mit dem Gedanken getragen, Pilot zu werden. In einem Brief an MacGreevy vom 26. Juli 1936 heißt es: »Der nächste kleine Nervenkitzel ist, glaube ich jetzt, Fliegen. Ich hoffe, dass ich nicht zu alt bin, um mich ernsthaft damit zu befassen, noch zu dämlich für den Umgang mit Maschinen, um mich als Flugpilot für die Handelsluftfahrt ausbilden zu lassen.« Dann folgt der aufschlussreiche Satz: »Ich möchte schließlich nicht den Rest meines Lebens damit verbringen, Bücher zu schreiben, die niemand lesen will. Es ist ja nicht so, als ob ich sie schreiben möchte.«[7] Der Nachsatz ist, zumindest auf den ersten Blick, so überraschend wie der zuvor geäußerte Wunsch, Pilot zu werden. Offenbar erlebte Beckett seine schriftstellerische Aktivität als einen inneren Zwang, dem er sich nicht entziehen konnte. Seitdem er Ende Dezember 1931 seine vielversprechende Universitätskarriere abgebrochen hatte, war er finanziell ständig in einer prekären Lage und hatte sich verschiedentlich um einen Job bemüht, allerdings nur halbherzig. Er kam, wie wir wissen, vom Schreiben nicht los. »Das einzige, wozu ich tauge«, antwortete er später einmal einem französischen Journalisten auf die Frage: »Warum schreiben Sie?« Doch das war bereits zu einer Zeit, als seine Bücher sehr wohl gelesen wurden und er ein erfolgreicher, anerkannter Dramatiker und Erzähler geworden war.

Der Zugang zum Flughafen Berlin-Tempelhof war für den Ausflügler alles andere als leicht zu finden. Er versucht zunächst durch Jahns Denkmal Park, dann über die Hasenheide auf das Gelände zu kommen, gelangt aber erst über die Flughafenstraße ans Ziel. Doch der Flugbetrieb beeindruckt ihn wenig. »Wie konnte ich nur auf die Idee kommen, dass ich mir länger als fünf Minuten das Starten und Landen oder mit gesenktem Schwanz Am-Boden-Stehen der velivoli ansehen könnte?« Er trinkt rasch einen Steinhäger

Zentralflughafen Berlin-Tempelhof, Ansicht von Rollfeld und Flughafengebäuden, um 1935

im Erfrischungsraum und wandert zurück zum Viktoria Park mit seinem nicht sonderlich imponierenden Kreuzberg, »höchster Punkt in Berlin, natürliche Erhebung, 31 m über Spreespiegel, 66 m über Normal-Null«. Nachdem er den Hügel mit Müh und Not gefunden hat, verzichtet er auf die Besichtigung des dort aufgestellten Blech- und Eisenzeugs sowie auf den Besuch des Wasserfalls, der dem Ilse-Wasserfall im Harz nachgebildet ist, und stärkt sich lieber in einer »Schultheiß-Brauerei«. *»I am a queer chap«* (»Ich bin ein komischer Kauz«) muss er sich im Rückblick auf diese absonderliche Tour eingestehen.

Mit seiner Stimmung steht es nicht zum Besten in diesen Wochen. Die Winterkälte und seine zunehmenden körperlichen Beschwerden vergällten ihm den Berlin-Aufenthalt. Beckett litt in diesen Jahren häufig unter Zysten und Furunkeln und war deswegen schon mehrmals operiert worden. In Hamburg quälte ihn ein eitriger Finger, in Berlin ist es ein Geschwür

»*between wind and water*«, wie er es diskret ausdrückt. Die Entzündung verschlimmert sich stetig, schließlich schmerzt und behindert sie ihn so sehr, dass er gegen Ende seines Aufenthalts nicht einmal mehr aufstehen kann, bis der eigroße Klumpen unter dem Hodensack endlich aufbricht. Trotz allem zwingt er sich, die Tage nicht tatenlos verstreichen zu lassen. »*Crawl out in dreadful cold*« – er kriecht nach draußen in eisiger Kälte und bekämpft seine Mutlosigkeit mit eiserner Disziplin.

Der Vorsatz, tagtäglich über alles, was er tut und erlebt, bis ins Kleinste Buch zu führen, mag dabei hilfreich gewesen sein. Es scheint, als folgte er den Ratschlägen des von ihm bewunderten Samuel Johnson, des großen englischen Literaten und Lexikographen des 18. Jahrhunderts, der selbst sein Leben lang gegen Melancholie ankämpfen musste und die Beherrschung der eigenen Psyche für eine große Kunst hielt, die man erst nach langer Erfahrung und nur durch viel Übung erlernen könne. »Versuchen Sie immer, sich so viel Ablenkung wie nur möglich zu verschaffen, so viele Dinge wie möglich zu entdecken, zu denen Ihr Geist Zuflucht nehmen kann«[8], riet er seinem Biographen James Boswell, der ebenfalls unter Melancholie litt. Ein gutes Mittel dazu sei es, ein Tagebuch zu führen, und Boswell beschloss seinerseits, in Stichworten festzuhalten, was er jeden Tag dachte, sah oder hörte. »Mein jeweiliger Geisteszustand lässt sich am besten an den kleinen Begebenheiten ablesen, die über dieses Tagebuch verstreut sind«[9], schreibt er. Beckett kannte das Werk von Samuel Johnson genau, denn er trug sich während seiner Deutschlandreise mit dem Plan, eine größere Arbeit über ihn zu verfassen. Von den Vorarbeiten blieb jedoch nur das kurze dramatische Fragment *Human Wishes* übrig.[10]

Die »Buchführung« über die Stadtbesichtigungen erweckt stellenweise den Eindruck, als handele es sich dabei um ein recht mühseliges Pensum, das abgearbeitet werden muss. Berlin ruft spontan nicht den Enthusiasmus bei ihm hervor, wie es beispielsweise Hamburg getan hat – »*the town is superb*« – oder Hildesheim, das er als »*incredibly beautiful*« rühmt. Allerdings ändert sich der Ton im Tagebuch, sobald er seine Aufenthalte in der freien Natur schildert. Er liebt die Spaziergänge durch den Tiergarten, vor allem in der Dämmerung, wenn die Sonne langsam hinter den schwarzen Bäumen untergeht. Das Abendlicht ist Balsam für seine Augen – »*eye unction*«, wie er schreibt. Und der Himmel über Berlin ist für Beckett so außergewöhnlich, dass er es nur mit einem außergewöhnlichen Wort zum Ausdruck bringen kann: »*Ciel quintessencié*«[11], schreibt er an MacGreevy. Nur dieses seltene französische Wort scheint eine Vorstellung von der Klarheit, Reinheit und Intensität der Farben zu vermitteln. Auch wenn er die Stadt anfangs als »a *monstrous comic*«, »ein monströs-komisches Etwas« empfindet, so wird sie ihm dennoch bald sympathisch. In seinem Silvesterbrief an Günter Albrecht findet er einen ungewöhnlichen Vergleich für Berlin: *»Die Stadt kommt mir etwa wie eine geschwätzige Sphinx vor, die außer der Inkonsequenz ihrer Erscheinung kein Rätsel aufzugeben hat. Eine männliche, ja eine bärtige Sphinx, wie man sie im Tell Halaf Museum bewundern kann. Dem Löwen gehört Unter den Linden, dem Menschen die Museumsinsel, die Flügel aber bildet der Himmel, dessen Todeskämpfe, die freilich vielmehr wie Umarmungen aussehen, beinahe so schön sind wie jene allerdings mehr schleichenden, die man auch nach den finstersten Tagen von O'Connell Bridge in Dublin anschauen kann.«*[12]

1 Berlin und Umgebung. Grieben Reiseführer Band 6, Berlin 1936, S. 117
2 Ebd.
3 Beckett an Günter Albrecht, Brief vom 31. 12. 1936 aus Berlin
4 Franz Grillparzer: Tagebücher und Reiseberichte, Berlin 1980, S. 322
5 Vgl. Berlin und Umgebung, a.a.O., S. 118
6 Ebd., S. 123
7 Beckett an Thomas MacGreevy, Brief vom 26. 7. 1936 aus Cooldrinagh, Foxrock
8 James Boswell: Journal. Ausgewählt, übersetzt und herausgegeben von Helmut Winter, Stuttgart 1996, S. 319
9 Ebd., S. 300
10 *Human Wishes* wurde zum ersten Mal 1980 von Ruby Cohn in ihrem Buch *Just Play: Beckett's Theater* (Princeton 1980) veröffentlicht. Sie weist in einem Kommentar darauf hin, dass die Pausen und Wiederholungen und die formalen Muster in diesem 1937 verfassten Fragment bereits sehr deutlich den Stil des künftigen Dramatikers erkennen lassen.
11 Beckett an Thomas McGreevy, Brief vom 22. 12. 1936 aus Berlin
12 Beckett an Günter Albrecht, Brief vom 31. 12. 1936 aus Berlin

HÖHEPUNKT DER KUNSTREISE: MUSEUMSBESUCHE IN BERLIN

Da Samuel Beckett bei seiner Reise durch Deutschland vor allem an Kunst interessiert war, zog es ihn in Berlin immer wieder zur Museumsinsel, die im *Grieben* folgendermaßen beschrieben war: »Auf der sog. *Museumsinsel* [...] befinden sich die bedeutendsten Museen Berlins. Mit Ausnahme der einige Schritte abseits liegenden Nationalgalerie sind sie zu einem gewaltigen Komplex verbunden, der das Alte, Neue, Pergamon-, Vorderasiatische, Deutsche u. Kaiser-Friedrich-Museum [heute Bode-Museum] gewissermaßen zu einem einzigen Gebäude zusammenfasst.«[1]

Beckett besuchte all diese Museen und darüber hinaus die Neue Abteilung der Nationalgalerie, die zu jener Zeit in den Vorderräumen des Kronprinzenpalais (Un-

Linke Seite: Kaiser-Friedrich-Museum (heute Bode-Museum), um 1936

Lustgarten, Dom und Museumsinsel, Luftaufnahme von 1935

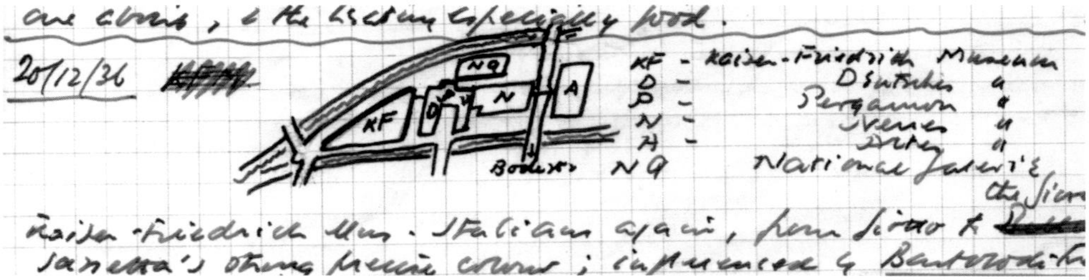

Die Museen auf der Museumsinsel, Zeichnung in Becketts Tagebuch

ter den Linden, damals Platz am Zeughause) untergebracht war, sowie das Tell-Halaf-Museum mit den bedeutenden obermesopotamischen Ausgrabungen vom Anfang des Jahrhunderts, die provisorisch in einer Maschinenhalle in der Franklinstraße unweit vom Platz Am Knie (heute Ernst-Reuter-Platz) ausgestellt waren.

Becketts Hauptinteresse galt zweifellos den Gemäldesammlungen: den Werken der Italiener und Holländer im Kaiser-Friedrich-Museum, den Gemälden der Deutschen und Altniederländer im Deutschen Museum, der deutschen Malerei vom Ende des 18. Jahrhunderts bis zur Gegenwart (also bis 1936) sowie dem Impressionismus und den nachimpressionistischen Bewegungen im Kronprinzenpalais. Dass Beckett sich gleich am Morgen nach seiner Ankunft im Kaiser-Friedrich-Museum ein Heftchen mit 12 Eintrittskarten kaufte *(»buy 12 entrance tickets – 1 RM«)*, zeigt, dass er es nicht bei einem einzigen Besuch bewenden lassen wollte. Er war kein gewöhnlicher Museumsbesucher. Der Maler Avigdor Arikha, der seit Mitte der fünfziger Jahre in Paris eng mit Beckett befreundet war und ihn mehrmals porträtierte, berichtete, dass Beckett bisweilen über eine Stunde vor einem einzigen Bild verweilen konnte. So war es wohl auch schon Anfang der dreißiger Jahre in Dublin, wie aus einem Brief an seinen Freund MacGreevy, den späteren Direktor der National Gallery of Ireland, hervorgeht: »Ich verbringe eine Menge Zeit in der N. G. vor Poussins *Grablegung* und stakse dann die Treppen hinunter in die bezaubernd helle Kinderwelt des Deutschen Raums mit den Brueghels und den Meistern der müden Augen und silbernen Fenster.«[2]

Sucht man nach äußeren Umständen, die seine Leidenschaft für die Kunst gefördert haben könnten, kommt wohl kaum das Elternhaus in Betracht. Literatur und Kunst besaßen in Cooldrinagh keinen besonderen Stellenwert. »In meinem Elternhaus hingen keine Gainsboroughs«, heißt es bei Gottfried Benn in seinem Gedicht *Teils-teils*, und das dürfte auch für Beckett zutreffen. Vermutlich war es das Romanistik-Studium, das den jungen Beckett mit der Kunst in Berührung brachte. 1927 gewährte ihm sein Vater einen mehrmonatigen Aufenthalt in Florenz, damit er sich dort auf seine Abschlussprüfung am Trinity College Dublin vorbereiten konnte. Er nutzte diese Zeit zwar vorwiegend zum Sprachstudium, aber die Stadt mit ihren unermesslichen Kunstschätzen dürfte sein leidenschaftliches Interesse für die italienischen Renaissance-Maler geweckt oder gefördert haben.

Ein Jahr später kamen von mehreren Seiten weitere Anregungen zu einer immer intensiveren Beschäftigung mit der Kunst hinzu. Zum einen war es Paris, wohin er 1928 für zwei Jahre als Englisch-Lektor an die Elite-Hochschule Ecole Normale Supérieure entsandt wurde, zum andern waren es die Besuche bei seinen Verwandten in Kassel, die ihn mit dem deutschen Expressionismus in Berührung brachten. In Paris sollte sich vor allem die Bekanntschaft mit Thomas MacGreevy als fruchtbar erweisen, seinem Vorgänger an der Ecole Normale Supérieure, der auch vor Ort blieb, als Beckett eintraf, um ihn abzulösen. Die E. N. S. wollte sich von dem allseits beliebten Lektor MacGreevy nicht trennen und richtete vorübergehend eine Doppelbesetzung des Postens ein. Der dreizehn Jahre ältere MacGreevy hatte sich bereits durch die Publikation von Gedichten und Aufsätzen in Literatur- und Kunstzeitschriften einen Namen gemacht. Durch ihn öffneten sich für den jungen Beckett, der eher zurückhaltend und kontaktscheu war, in Paris viele Türen. Er lernte durch MacGreevy surrealistische Maler und Schriftsteller kennen, übersetzte in den folgenden Jahren Gedichte von Paul Eluard, André Breton, René Crevel und anderen und publizierte in Eugène Jolas' Zeitschrift *transition* 1929 seinen ersten kritischen Essay unter dem Titel *Dante ... Vico. Bruno ... Joyce*.

Beckett mit Thomas MacGreevy in London, Anfang der dreißiger Jahre

Der irische Schriftsteller James Joyce, Verfasser des *Ulysses*, war zweifellos in den folgenden Jahren die Persönlichkeit in Becketts Bekanntenkreis, die ihn am meisten prägte. Aber im Hinblick auf die Kunst wird vor allem die intensive Beschäftigung mit Marcel Proust von Bedeutung gewesen sein. 1930 schrieb Beckett, vor seiner Rückkehr ans Trinity College

Dublin, in wenigen Wochen seinen *Proust*-Essay, dem freilich ein monatelanges Studium des Werks vorausgegangen war. 1929 hatte er die sechzehn Bände von Prousts *Auf der Suche nach der verlorenen Zeit* mit in die Sommerferien nach Kassel genommen, und während seine Tante Cissie den *Ulysses* verschlang, verschwendete der Neffe zum Ärger seiner geliebten Cousine Peggy viel zu viel Zeit auf den Roman von Proust. Prousts Interesse galt in besonderem Maße den alten Niederländern. Im Geiste besuchte Beckett mit ihm die Museen in Amsterdam, Den Haag oder Haarlem. Wenn sich in Prousts Roman die Herzogin von Guermantes empört: »Nicht möglich! Sie sind nach Holland gereist und waren nicht in Haarlem?«, so übernimmt Beckett in seiner Kurzgeschichte *Fingal* den Satz, wandelt ihn allerdings ab, indem er für Haarlem Mailand und Leonardo da Vincis *Abendmahl* einsetzt: «Sie waren doch wohl nicht in Mailand und haben sich das *Abendmahl* nicht angesehen?« Becketts Beschäftigung mit Proust hat vermutlich auch seine Überlegungen zur Ästhetik im literarischen und künstlerischen Bereich beeinflusst, vermutlich hat sie aber vor allem dazu beigetragen, seinen Blick für Formen, Farben, Perspektiven, ganz besonders aber für das Licht, speziell die Behandlung des Lichts in der altniederländischen, flämischen und holländischen Malerei, zu schärfen.

Zur selben Zeit, als er die Italiener, Franzosen und Niederländer studierte, kam er in Kassel mit der zeitgenössischen deutschen Kunst in Kontakt. In der Wohnung seines Onkels, des Kunst- und Antiquitätenhändlers Maurice Sinclair, hingen zwar auch keine Gainsboroughs, aber immerhin Feiningers, Campendonks, ein Boccioni und ein Abendmahlsbild von Ewald Dülberg, das leider verschollen ist. 1932 gerieten die Sinclairs zunehmend in finanzielle Bedrängnis, wodurch sie gezwungen waren, sich von diesen Kunstwerken zu trennen. »Die Bilder wurden am letzten Freitag versteigert«, schreibt Beckett am 21. November 1932 an MacGreevy. »Ich bin traurig, wenn ich daran denke, dass ich wahrscheinlich weder das *Abendmahl* noch die Feiningers noch den Boccioni je wiedersehen werde. Ich fürchte, sie gingen weg für einen Apfel und ein Ei. Hätte man doch nur hundert Pfund aufbringen können, so hätte man die besten davon bekommen können.«[3]

Deutschland war nach der Rückkehr der Sinclairs nach Irland für Beckett in weite Ferne gerückt. Aber sein Interesse an der deutschen Sprache und erst recht für die Kunst blieb in ihm wach. In den beiden Jahren in London von 1933 bis 1935 studierte er nicht nur mit außerordentlicher Intensität die Kunstwerke in den dortigen Museen, wie zahlreiche mit Anmerkungen versehene Kataloge aus dieser Zeit bezeugen, sondern setzte auch seine Erforschung deutscher Museumsbestände fort. »Wenn ich doch nur das Geld hätte, um mir ein paar Bände der *Klassi-*

BESUCHE SAMUEL BECKETTS IN BERLINER MUSEEN 1936/37

11.12.1936	Ankunft in Berlin
12.12.1936	Kaiser-Friedrich-Museum, flüchtiger Rundgang durch »niederländische Räume, spanischer Raum und zu den Venezianern«
13.12.1936	Tell-Halaf-Museum, Franklinstraße
16.12.1936	Kaiser-Friedrich-Museum, »Italiener«
17.12.1936	Deutsches Museum, »Direkt zur flämischen Schule«
18.12.1936	Deutsches Museum, »Deutsche Schule«
19.12.1936	Kronprinzenpalais, »*Unspeakable Sittenausstellung*«
20.12.1936	Kaiser-Friedrich-Museum, »Noch mal Italiener. Von Giotto bis Giorgione«
21.12.1936	Tell-Halaf-Museum (vormittags); Nationalgalerie, »Erster Stock. 19. Jahrhundert – Deutsch-Römer« (nachmittags)
22.12.1936	Vorderasiatisches Museum
23.12.1936	Nationalgalerie, »Oberes Geschoss«
26.12.1936	Pergamonmuseum
27.12.1936	Altes Museum, »Erdgeschoss«
28.12.1936	Nationalgalerie, »Erdgeschoss«
29.12.1936	Kaiser-Friedrich-Museum, »Direkt zu den Verbindungsräumen zwischen Kaiser-Friedrich-Museum und Deutschem Museum«
30.12.1936	Kaiser-Friedrich-Museum
02.01.1937	Kaiser-Friedrich-Museum, »niederländische Schule – frühe Niederländer«
05.01.1937	Kaiser-Friedrich-Museum, »Drei Rembrandt-Räume. Thiem-Sammlung«
06.01.1937	Kaiser-Friedrich-Museum, »Erster Stock«, Skulpturensammlung
07.01.1937	Neues Museum, »Erdgeschoss. Ägyptische Sammlung«
08.01.1937	Kaiser-Friedrich-Museum, »Raum elf [...] In der Passage Leihausstellung«
11.01.1937	Nationalgalerie
13.01.1937	Kaiser-Friedrich-Museum, »Flamen«
20.01.1937	Kronprinzenpalais, »Erdgeschoss Chirico, Modigliani Mädchen, Kokoschka, Feininger [...] Die Treppe hoch Sintenis, Kollwitz und Corinth«
21.01.1937	Deutsches Museum, »Wollte eigentlich wieder die Italiener anschauen, gehe aber stattdessen zu den Deutschen ins Deutsche Museum«

ker der Kunst leisten zu können«, schreibt er einmal an MacGreevy. »›Zwemmers‹ haben eine Anzahl davon zu ermäßigten Preisen. Fast hätte ich einen *Brouwer* in der Kunstmappen-Serie gekauft, aber hielt meine Hand davon zurück wie Michelangelo von Brutus. 6 Schilling mit 6 Farbtafeln, darunter eine erstaunliche Landschaft.«[4]

Auch Sinclairs beschaffen ihm Kataloge oder Einzelbände aus der Reihe *Junge Kunst*. Er weiß, was für Schätze die deutschen Museen bergen, und ahnt in Anbetracht der politischen Entwicklung, dass der Weg dorthin nicht mehr lange frei sein wird. So entschließt er sich im Herbst 1936, kurz nach den XI. Olympischen Sommerspielen, zu jener Kunstreise, die ihn auch nach Berlin führen wird. Dabei stehen ihm die Londoner Bildwerke noch so deutlich vor Augen, dass sich ihm in Berlin immer wieder Vergleiche mit Gemälden in der National Gallery in London aufdrängen.

ZWISCHEN KUPFERGRABEN UND SPREE: DIE GEMÄLDESAMMLUNG

Die Berliner Gemäldesammlung war 1823 fast zeitgleich mit der Londoner Nationalgalerie (1824) eröffnet worden, und ihrem Aufbau lag ein ähnliches Konzept zugrunde: Die allmählich und eher zufällig entstandenen reichen Sammlungen von Gemälden aus den verschiedensten Zeiten sollten planmäßig nach Schulen und Epochen weiter ausgebaut und in den Museen so präsentiert werden, dass neben der Gewährung ästhetischen Genusses die Belehrung des Publikums garantiert war. Beckett kam diese Art einer systematisch angelegten, strukturierten Sammlung entgegen, nutzte er doch offenbar jede Möglichkeit, sein Wissen zu erweitern. Was Winnie in dem Drama *Glückliche Tage* über sich sagt, könnte Beckett mit einer gewissen Selbstironie wohl auch von sich selbst behauptet haben:

→ Abb. 9, S. 65

»Das eben finde ich so wundervoll, dass kein Tag vergeht – *Lächeln* – um im alten Stil zu sprechen – *Lächeln verschwindet* – kaum ein Tag ohne irgendein Anwachsen des Wissens, so gering es auch sein mag, ich meine das Anwachsen, vorausgesetzt, dass man sich darum bemüht.«

Eine Gegenüberstellung von Londoner und Berliner Gemälden nimmt Beckett zum Beispiel bei den beiden Bildern *Die Venezianerin* und *Trauer um den Leichnam Christi* von Giovan Gerolamo Savoldo (1508–1548) vor, die im K. F. M. hingen. Im Museumskatalog von 1931, Nummer 307, wird *Die Venezianerin* (Abb. 9) mit folgenden Worten beschrieben: »Junge Frau in gelber Mantille, die sie über den Kopf gezogen hat, vor einer Mauer.« Bei dem zweiten Bild (Kat. Nr. 307A), *Trauer um den Leichnam Christi,* lautet der kurze charakterisierende Eintrag: »Maria hält auf ihrem Schoß den Leichnam Christi. Rechts Magdalena, links Johannes.«

Beckett notiert dazu in seinem Tagebuch: »Ein ausgezeichneter Savoldo *Venezianerin*, eine andere und bessere Version der Londoner *Magdalena*; wunderbare perlgraue Mantille, die in dem anderen Bild hier, einer *Beweinung*, offenbar von der Magdalena getragen wird! Eine andere Version des Londoner Bildes, früher in der Fenaroli Sammlung in Brescia, in der Giovanelli Sammlung in Venedig. Und eine Kopie des Berliner Bildes, Ladovico Carracci zugeschrieben, in Warwick Castle. Auf der *Beweinung* Johannes und Magdalena *lovely*.«

Schon der Katalog von 1931 weist darauf hin, dass der Farbton des eindrucksvoll drapierten Umhangs der Magdalena auf den beiden einander so ähnlichen Bildern unterschiedlich ist. Der silbrige Schimmer auf der Mantille des Londoner Gemäldes ließe sich als Reflexion des wolkenverhüllten Lichts auf der weißen Seide erklären. Er wird auch als Abglanz des Auferstandenen gedeutet.[5] Die scheinbar dickere Oberfläche des Gewebes im Berliner Bild wirkt fast wie eine goldbraun schimmernde Metallfolie. Beckett schildert sie zunächst im Tagebuch als perlgrau, später im Brief an MacGreevy beschreibt er die Venezianerin sehr schön als *»a hastening figure in a lovely pearl-yellow coat«*.[6]

Wie dieses Beispiel zeigt, bestehen die Tagebuchaufzeichnungen von Becketts Museumsbesuchen größtenteils aus Daten und Fakten, die seine ohnehin schon weit-

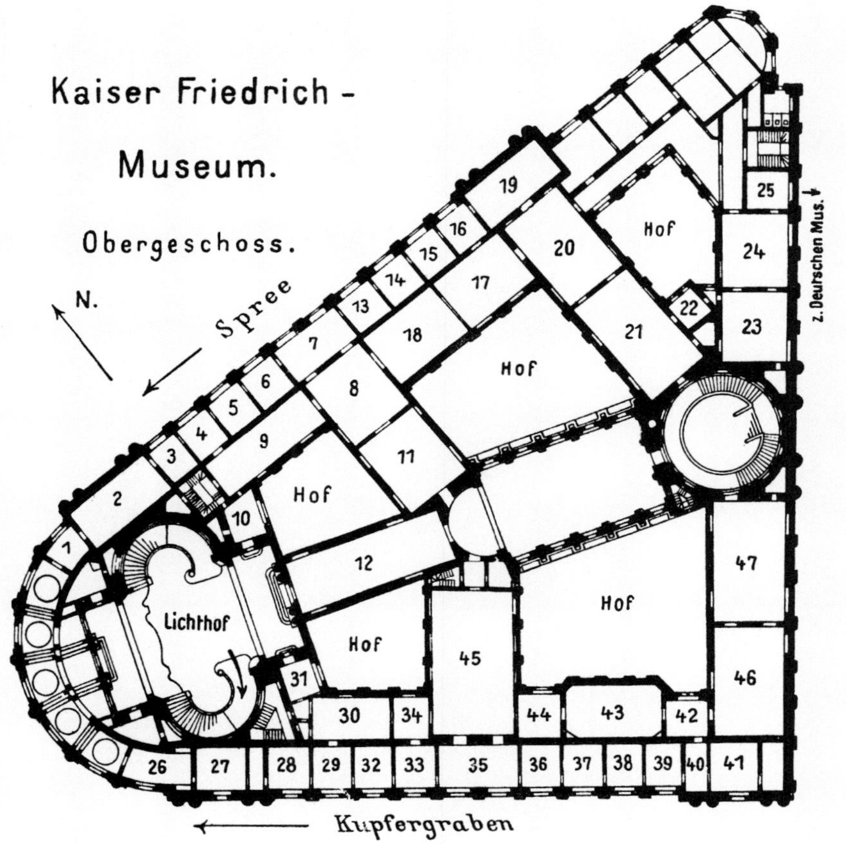

Kabinette und Säle 1–25: Italienische Malerei
(z. B. Kabinett 5: Masaccio, Predellenbilder; Domenico Veneziano, *Anbetung der Könige;* Saal 8: Botticelli; Saal 11: Hochrenaissance: Raffael, Correggio, Bronzino; Kabinett 16: Giorgione, *Männerbildnis;* Saal 21: Savoldo, Tizian)

Kabinette und Säle 26–39, 41–45: Holländische und flämische Schulen
(z. B. Kabinett 27: Hals, Brouwer; Kabinette 32 und 33 sowie Saal 35: Rembrandt-Räume; Saal 43: Rubens, van Dyck; Saal 45: Großer Rubens-Saal; Kabinett 38: Vermeer, de Hooch; Kabinett 39: Terborch, *Väterliche Ermahnung*

Saal 46: Französische und englische Schulen

Saal 47: Spanische Malerei

werken wiedergeben: *magnificent, exquisite, wonderful* oder auch einfach *lovely*, für das es im Deutschen keine in allen Fällen passende Entsprechung gibt.

Ein weiteres Mittel der Akzentuierung im Tagebuch sind die Unterstreichungen: Malernamen sind durchweg einmal unterstrichen, auch einzelne, besonders merkenswerte Bildwerke. Auffallend ist, dass es bei den Italienern (und nur hier) in einzelnen Fällen auch Doppelunterstreichungen gibt.

Becketts erster Besuch im Kaiser-Friedrich-Museum am Morgen nach seiner Ankunft besteht nur in einem raschen Durchgang durch die oberen Räume, um einen ersten Eindruck von den reichhaltigen Sammlungen zu gewinnen, »mehr, um herauszufinden, was da ist, als zu betrachten.« Er hält sich nicht im Erdgeschoss auf, weder bei der altchristlichen und byzantinischen Kunst noch bei den italienischen Bildwerken aus Mittelalter, Renaissance und Barock oder der Münzen- und Medaillensammlung, sondern steigt unverzüglich ins Obergeschoss und beginnt seine Besichtigung im rechten Flügel, am Kupfergraben, mit den Gemälden der holländischen und flämischen Schule. *»Wonderful Halses, Rembrandts, Brouwers«*, notiert er im Tagebuch. Frans Hals war außer in Haarlem in keiner anderen Galerie so gut vertreten wie in der Berliner Gemäldesammlung. Rembrandts Gemälde füllten drei Räume. Weniger bekannt ist dagegen der dritte Name, den

Adriaen Brouwer, Dünenlandschaft im Mondschein, o. J. (Staatliche Museen zu Berlin – Preußischer Kulturbesitz, Gemäldegalerie / 853B)

reichenden Kenntnisse vom Wesen und Wirken der Maler ergänzen: Sie betreffen Lebensumstände, Verwandtschaftsverhältnisse, Einflüsse, Einordnung ins Früh- oder Spätwerk, Malerschulen, Zuschreibungen, Anekdotisches – das Tagebuch wird zum Nachschlagewerk. Was er an persönlichen Eindrücken hinzufügt, beschränkt sich auf knappe, immer eindeutige Charakterisierungen. Seine Kunstinspektion bedarf keiner weitschweifigen Erläuterung. Mit Prädikaten von *excellent* bis *foul* ordnet er die einzelnen Bilder in seine Werteskala ein. Um sein Wohlgefallen auszudrücken, hat er ebenfalls eine Sammlung von Adjektiven parat, die seinen emotionalen Eindruck von den Kunst-

Beckett in einem Atemzug mit den beiden Berühmtheiten nennt: Adriaen Brouwer war ein Zeitgenosse von Rubens, ein flandrischer Maler, Schüler von Frans Hals in Haarlem, der ein unstetes Leben führte und jung verstarb. Rubens, der ihn sehr schätzte, besaß 16 Bilder von ihm, und auch Rembrandt hatte Brouwer-Bilder und -Zeichnungen in seinem Besitz. Vermutlich hatte Beckett schon bei seinen Besuchen in Kassel in der Gemäldegalerie Alte Meister ein Bild von Brouwer gesehen, wo dieser Maler jedoch nur mit einem einzigen Werk vertreten war, während von einem ähnlichen Genremaler, David Teniers d. J., acht Bilder dort hingen. So erklärt sich vielleicht, dass Beckett im Februar 1935 in einem Brief aus London an MacGreevy schrieb: »Ich dachte, Teniers sei der wichtigste Name unter den Niederländern, bis ich mir die Brouwers genauer ansah, die leider so rar sind.«[7]

Das Kaiser-Friedrich-Museum besaß acht Gemälde von Brouwer, darunter die wunderbare *Dünenlandschaft im Mondschein*, die zu Becketts großem Bedauern gerade für die Pariser Ausstellung »Rubens und seine Zeit« an den Louvre ausgeliehen war. An jenem Morgen begnügte er sich mit einem flüchtigen Blick auf die anderen Brouwers, auf »*Rubens & Co*« und die beiden Vermeers, »*the lovely Junge Dame mit dem Perlenhalsband* [Abb. 18] *und Herr und Dame beim Wein*«, von denen er das letztere besser gemalt, aber psychologisch weniger interessant fand als das Braunschweiger Bild, das er kurz zuvor im Herzog Anton Ulrich-Museum gesehen hatte.

Von den Holländern auf der Kupfergrabenseite ging er bei diesem ersten Besuch weiter durch die Thiem-Sammlung am Ende der Kabinettreihe, vorbei an der Französischen und Englischen Schule, zur Spanischen Malerei in Saal 47. Alles, was ihm dort an jenem Morgen auffiel, waren »*2 inferior Velazquez & 2 excellent Goyas*«. Dann folgte ein Abstecher hinüber zu der »*colossal Italian collection*« auf der Spreeseite, wo er interessiert das Jacopo (papa) Bellini zugeschriebene Gemälde »*Beweinung Xti*« betrachtete. Noch ein kurzer Blick auf Wände voller Botticellis, aber die Kräfte reichen nicht mehr für ein längeres Verweilen: »*Too tired to go on, walk out.*«

DIE ITALIENISCHEN MALER

Ein paar Tage später beginnt er mit der systematischen Erkundung des Kaiser-Friedrich-Museums, im Kabinett 1 auf der Spreeseite bei den Italienern. Man kann ihm Schritt für Schritt dabei folgen, da er oft auch die Nummern der einzelnen Säle und Kabinette notiert. Die Zahlen stimmen allerdings nicht mit denen im Museumsverzeichnis von 1931 überein, das Beckett in der Hand hatte. Anfang der dreißiger Jahre hatte eine Umordnung stattgefunden, wonach Erdgeschoss und Obergeschoss nicht mehr durchgehend, sondern getrennt nummeriert wurden.

→ Abb. 18, S. 69

Tommaso Masaccio, Die Enthauptung Johannes des Täufers, rechter Teil der linken Tafel einer Altarpredella, 1426, Ausschnitt (Staatliche Museen zu Berlin – Preußischer Kulturbesitz, Gemäldegalerie / 58B)

Rechte Seite: Seite aus Becketts Tagebuch: Auflistung italienischer Renaissancemaler mit Kommentaren

→ Abb. 1, S. 61
→ Abb. 2, S. 61
→ Abb. 7, S. 64

Der *Grieben* von 1936, der die Neunummerierung übernommen hatte, diente Beckett anscheinend auch hierbei als Orientierungshilfe. Er nimmt sich die Spreeseite (Kabinette 1–25) an drei verschiedenen Tagen vor.

Am 16. Dezember 1936 Kabinett 1–11: die Maler aus Siena, Florenz und Umbrien des 14. und 15. Jahrhunderts sowie Saal 7 mit den Signorellis, Saal 8 mit den Botticellis und Saal 11 mit den Malern der Hochrenaissance.

Am 20. Dezember 1936 Kabinett 3–16: Padua und Ferrara des 15. Jahrhunderts – Mantegna, die drei Bellinis – und Venedig des 16. Jahrhunderts.

Am 29. Dezember 1936 die Kabinette auf der Seite zum Deutschen Museum: Venedig und Italien des 16., 17. und 18. Jahrhunderts mit den Werken von Caravaggio, Tiepolo, Tizian, Carpaccio und anderen.

Am 16. Dezember sind es zunächst die Predellenbilder des Pisa-Altars von Masaccio (1401–1428), die ihn faszinieren. Er kennt das Mittelstück des Altars, eine Madonna mit Engeln, bereits aus der National Gallery in London. Er kehrt mehrmals zu den Tafeln zurück und sieht sogleich, dass verschiedene Hände am Werk waren: »*Julian & Nicholas episodes, clearly by another hand*«, was der Katalogtext bestätigt: Die Tafel mit dem heiligen Julian wird Masaccios Gehilfen Andrea di Giusto zugeschrieben. Während ihm die vier Heiligenfiguren von den Seitenpilastern »*merely formal*« erscheinen, entdeckt er in der Enthauptungsszene Johannes des Täufers (Abb. 1) einen Soldaten, der wie unberührt von dem gewalttätigen Geschehen dasteht. »*Wonderful head of soldier in background*«, vermerkt Beckett und ist auch beim zweiten Besuch, vier Tage später, davon beeindruckt. Auch der ausgestellte Geburtsteller von Masaccio, eine bemalte runde Platte, auf der Wöchnerinnen Geschenke und Speisen überbracht wurden, ein *desco da parto*, entzückt ihn. Ein prachtvolles Bild: »Zur Rechten die Wöchnerin auf ihrem Lager, zur Linken ein Arkadenhof im Stile der Frührenaissance, im Seitengange links schreiten zwei jugendliche Herolde heran der vordere eine Tuba blasend, an der das Banner mit dem florentinischen Stadtwappen hängt, dahinter zwei Jünglinge mit Geschenken.«[8] Das im selben Kabinett hängende Bild *Das Jüngste Gericht* von Fra Angelico (1387–1455) vermerkt er kommentarlos nur als »*the Angelico*« in seinem Tagebuch und kommt im Vergleich mit Masaccios Altarbildern zu dem Schluss, dass Fra Angelicos naive Frömmigkeit irritierend wirke »*after humane painting of Masaccio*« – »nach der menschlichen Malerei von Masaccio«.

Der andere Maler, bei dem er mehrmals bewundernd verweilt, ist Domenico Veneziano (1400/10–1461). Von seinen vier Bildern im Kaiser-Friedrich-Museum ist es der prachtvolle Tondo *Anbetung der Könige* (Abb. 2), der Beckett ausnahmsweise zu einer sehr detaillierten Schilderung veranlasst: »Joseph, Maria, der in tiefer Verehrung kniende Anbeter, des Kindes Zeh küssend, Kamel und Esel, Symbol von Würde und Ohnmacht zugleich, der kolossale Rumpf des Schimmels, Blumen, Vögel (Störche in der Luft und Pfau auf dem Dach der Hütte), Wasser, große Zypresse, in der Ferne ein Galgen mit einer baumelnden Figur – alles wunderbar.« Früher wurde das Bild Pisanello zugeschrieben. Beckett glaubte eher einen Einfluss von Uccello zu erkennen, vor allem bei der Darstellung der geschickt verschränkten Beine der Pferde und der sich weit in den Hintergrund ausdehnenden Landschaft. »Außerdem natürlich die Vögel«, vermerkt er. Paolo Uccello (1397–1475) zählt mit seinen intensiven Bemühungen um die Darstellung der Perspektive zu den wichtigsten Begründern der Renaissance-Malerei; seine Bedeutung wurde allerdings erst im 20. Jahrhundert erkannt. Beckett wird eine der drei Tafeln von Uccellos berühmtem Bild *Die Schlacht von San Romano* in Florenz, Paris oder London gesehen haben, auf denen Rosse und Reiter in kühnsten Verkürzungen dargestellt sind und sich die Beine der springenden oder stürzenden Pferde kunstvoll kreuzen.

Schon beim ersten Besuch waren Beckett zwei »*superb del Sartos*« aufgefallen, *Die thronende Maria mit dem Kind und acht Heiligen* und das *Bildnis einer jungen Frau in gelbem Kleid mit weißem Brusttuch* (Abb. 7).

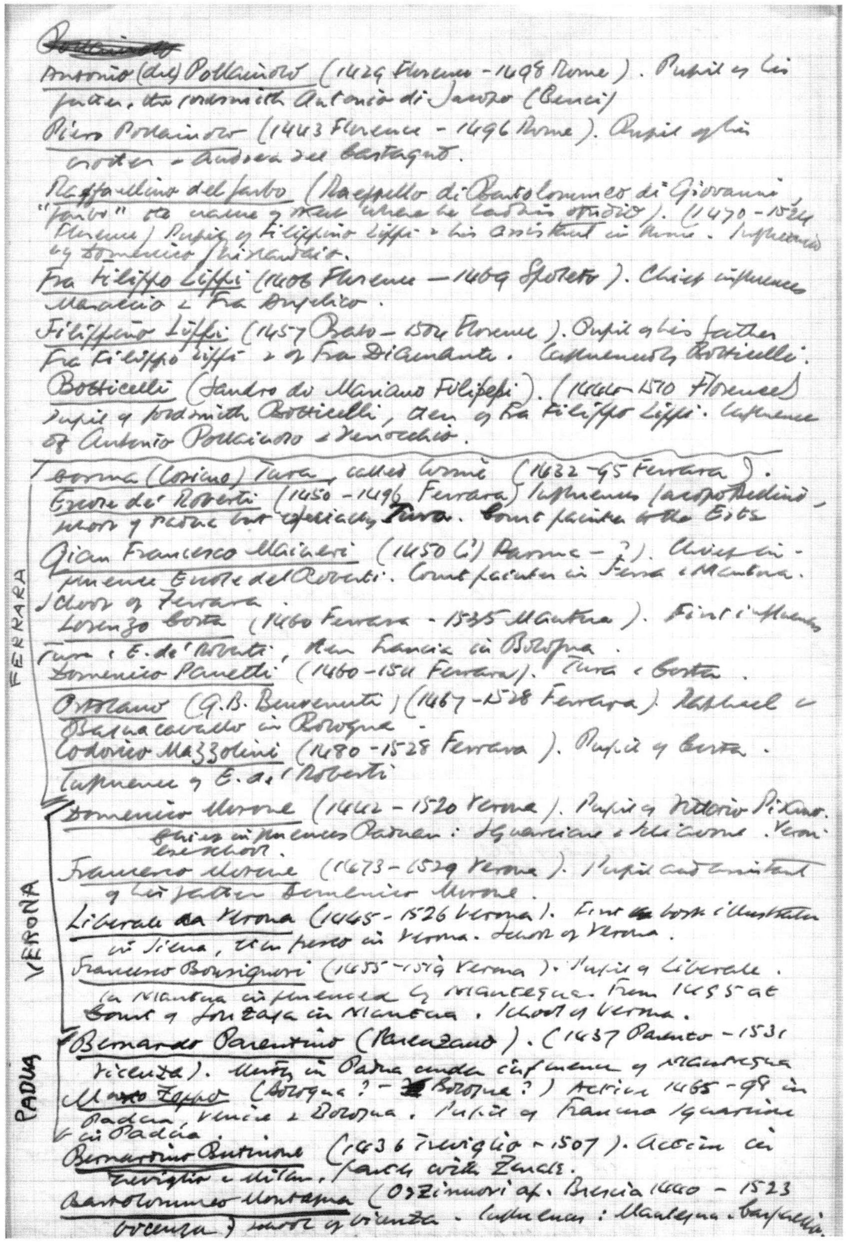
~~Pollaiuolo~~
Antonio (del) Pollaiuolo (1429 Florence – 1498 Rome). Pupil of his father, the goldsmith Antonio di Jacopo (Benci)
Piero Pollaiuolo (1443 Florence – 1496 Rome). Pupil of his brother & Andrea del Castagno.
Raffaellino del Garbo (Raffaello di Bartolommeo di Giovanni, "Garbo" the name of street where he had his studio). (1470–1524 Florence) Pupil of Filippino Lippi & his assistant in Rome. Influenced by Domenico Ghirlandaio.
Fra Filippo Lippi (1406 Florence – 1469 Spoleto). Chief influence Masaccio & Fra Angelico.
Filippino Lippi (1457 Prato – 1504 Florence). Pupil of his father Fra Filippo Lippi & of Fra Diamante. Influenced by Botticelli.
Botticelli (Sandro di Mariano Filipepi). (1444–1510 Florence) Pupil of goldsmith Botticelli, then of Fra Filippo Lippi. Influence of Antonio Pollaiuolo & Verrocchio.
FERRARA
Cosimo (Cosimè) Tura, called Cosmè (1432–95 Ferrara).
Ercole de' Roberti (1450–1496 Ferrara) Influences Jacopo Bellini, school of Padua but especially Tura. Court painter to the Estes
Gian Francesco Maineri (1450 (?) Parma – ?). Chief influence Ercole del Roberti. Court painter in Ferrara & Mantova. School of Ferrara
Lorenzo Costa (1460 Ferrara – 1535 Mantua). First influences Tura & E. de' Roberti, then Francia in Bologna.
Domenico Panetti (1460–1511 Ferrara). Tura & Costa.
Ortolano (G. B. Benvenuti) (1487–1528 Ferrara). Raphael & Bagnacavallo in Bologna.
Lodovico Mazzolini (1480–1528 Ferrara). Pupil of Costa. Influence of E. de' Roberti
VERONA
Domenico Morone (1442–1520 Verona). Pupil of Vittorio Pisano. Chief influences Paduan: Squarcione & Mantegna. Veronese school.
Francesco Morone (1473–1529 Verona). Pupil and assistant of his father Domenico Morone.
Liberale da Verona (1445–1526 Verona). First book illustrator in Siena, then fresco in Verona. School of Verona.
Francesco Bonsignori (1455–1519 Verona). Pupil of Liberale. In Mantua influenced by Mantegna. From 1455 at Court of Gonzaga in Mantua. School of Verona.
PADUA
Bernardo Parentino (Parenzano). (1437 Parenzo – 1531 Vicenza). Works in Padua under influence of Mantegna
Marco Zoppo (Bologna? – Bologna?) Active 1465–98 in Padua, Venice & Bologna. Pupil of Francesco Squarcione in Padua
Bernardino Butinone (1436 Treviglio – 1507). Active in Treviglio & Milan, partly with Zenale.
Bartolommeo Montagna (Orzinuovi of. Brescia 1450 – 1523 Vicenza) School of Vicenza. Influences: Mantegna. Carpaccio.

Domenico Veneziano, Anbetung der Könige, um 1439/41, Ausschnitt (Staatliche Museen zu Berlin – Preußischer Kulturbesitz, Gemäldegalerie / 95A)

Beide Bilder des florentinischen Malers Andrea del Sarto (1486–1531) hinterlassen einen nachhaltigen Eindruck bei ihm, denn er notiert nach einem späteren Besuch noch einmal: «Eine wunderbare thronende Maria mit Kind und 8 Heiligen. Sehr spät (1528). Ein Hauptwerk des Meisters. Der beste del Sarto, den ich je gesehen habe. Außerdem ein wunderbares Frauenporträt (Lucrezia del Fede?).« Lucrezia di Bartolommeo del Fede war die Gattin des Malers.

Saal 7 auf der Spreeseite des Museums war Luca Signorelli (1445–1523) gewidmet. Beckett kannte aus Dublin das Altarbild *Das Fest im Hause Simons*, von dem zwei Altarflügel in Berlin zu sehen waren, mit einer *»highly interesting«* Magdalena, ferner ein *Männerbildnis* und ein weiteres Bild *Maria, Elisabeth und die Ihren* mit einer auffallend schönen Landschaft. Grandios aber ist für ihn das Werk *Pan als Gott des Naturlebens und als Meister der Musik mit seinen Begleitern* (Abb. 3), ein Bild, das anfangs von den strengen Klassizisten »perhorresziert« wurde und das die Kaiserin Augusta für »gemein« hielt, wie Wilhelm von Bode, der Gründer des Kaiser-Friedrich-Museums, schreibt. Das ungewöhnliche Bild mit den nackten, kraftvollen Gestalten von fast mythischer Dimension verlangt geradezu nach einer detaillierten Beschreibung, der sich auch Beckett nicht entzieht. Er notiert ausführlicher als gewöhnlich: »Tragisch verzückter Ausdruck des Gottes, ein alter Schafhirt schlägt den Takt mit dem Finger, ein anderer hört zu; ein junger Hirt im Hintergrund spielt auf der Flöte, ähnlich wie Grecos Sohn des Laokoon in London, Nymphe und liegender Hirt spielen einander auf der Flöte zu, reizende Nymphe links im Hintergrund, und noch weiter hinten 2 Reiter vor einem Triumphbogen.«

→ Abb. 3, S. 62

Ein paar Tage später kehrt er noch einmal in den Signorelli-Saal zurück und findet diesmal bei dem Pan verwandte Züge mit Figuren von Michelangelo, als dessen Vorgänger Signorelli gilt. Bei der flötenden Nymphe kommt ihm Botticelli in den Sinn, er hält es aber für möglich, dass eine solche Assoziation nur auf den ersten Blick gerechtfertigt ist. Das weltberühmte Bild, das seit 1904 einen zentralen Platz im Kaiser-Friedrich-Museum einnahm, wurde im Krieg, zusammen mit vielen anderen Kunstwerken, im Kontrollturm des Flakbunkers in Berlin-Friedrichshain eingelagert, um es vor Bombenangriffen zu schützen. Nach der Eroberung Berlins am 2. Mai 1945 durch die Rote Armee brach in den darauf folgenden Tagen mehrmals Feuer im Bunker aus. Seitdem sind 434 Bilder aus der Berliner Gemäldegalerie spurlos verschwunden.

Zu den unersetzlichen Verlusten gehört auch Sandro Botticellis (1445–1510) herrlicher Tondo *Maria mit dem Kind und Leuchter tragenden Engeln*, von dem nur noch der Rahmen im Besitz des Museums geblieben ist. Beckett sah diese *cosa bellissima*, wie er sie nennt, zusammen mit sechs anderen Gemälden des Florentiner Meisters bei seinem Rundgang am 20. Dezember 1936. Der Name Botticelli ist im Tagebuch dick unterstrichen, und alle Bilder sind einzeln angeführt und mit kurzen sachlichen Anmerkungen versehen, nur bei dem prächtigen Bild der *Thronenden Maria mit dem Kind und den beiden Johannes* (Abb. 4) setzt er angesichts der üppigen Vegetation – Palmen, Zypressen, Myrtenzweige, Zedern, Rosen, Lilien etc. – treffend hinzu: »*a divinity in vegetation.*«

Unter den Gemälden der italienischen Porträtmaler sind es vier »*excellent*« Bronzinos, die ihm auffallen, insbesondere das Bildnis eines jungen Mannes, des Humanisten Ugolino Martelli (Abb. 10), der in der einen Hand einen Band Sonette des Dichters Bembo hält, in der anderen die *Ilias*. Im Hintergrund sieht man in den Innenhof des Palazzo Martelli, in dem Donatellos *David* aufgestellt ist. Das Porträt der Eleonora von Toledo, das Bronzino (1503–1572) gleich nach ihrer Heirat mit Cosimo, dem Großherzog von Toskana, malte, zeigt sie, wie Beckett notiert, mit einem recht mürrischen Gesicht. Doch nicht nur Bronzino, auch Jacopino del Conte (1515–1598) war ein ausgezeichneter Porträtmaler, wie Beckett bei einem Männerbildnis des Florentiner Malers feststellt. Lorenzo Lottos Bildnisse der jungen Männer hält er hingegen für »*very zeitgemäß & disagreeable*«. Die beiden jungen Männer von Franciabigio werden als »*very romantic & uninteresting*« abqualifiziert, die Zuweisung des einen erscheint ihm sogar zweifelhaft.

Den Abschluss bildet an diesem Tag Giorgiones »Bildnis eines jungen Mannes in hellviolettem Gewand mit gescheiteltem Haar hinter einer gestuften Mauerbrüstung« (Abb. 6), wie es im Katalog von 1931 heißt. Beckett trat vermutlich mit großen Erwartungen vor das Bild, nachdem ihn das Braunschweiger Selbstbildnis so beeindruckt hatte. Doch in Berlin bleibt die Faszination aus. Er kommentiert das Bild nur mit der knappen Bemerkung: »Für mich viel zweifelhafter als der Dossi in Braunschweig.« Mit dem »Dossi« war das Selbstbildnis Giorgiones gemeint. Der Ferraneser Maler Dosso Dossi (1489/90–1542) hatte sich eingehend mit den neuen künstlerischen Ausdrucksformen des Venezianers befasst, und wenn auch in seinen ersten Werken etwas von Giorgiones Besinnlichkeit zu spüren ist, so war es doch ein gewaltiger Irrtum, ihm, wie geschehen, das großartige Selbstporträt Giorgiones zuzuschreiben. Beckett war darüber offenbar nachhaltig empört, denn in seinem für die holländischen Maler Bram und Geer van Velde verfassten Text *Die Welt und die Hose* (1945) bemerkt er sarkastisch: »Ist es ein Bild von Judith Leyster, wird man es Hals zuschreiben. Ist es ein Giorgione, und ist es zu früh, um es wieder Tizian zuzuschreiben, schreibt man es Dosso Dossi zu.«

Obwohl Giorgione (1477?–1510) früh starb und nur wenige gesicherte Werke

→ Abb. 4, S. 62
→ Abb. 10, S. 65
→ Abb. 6, S. 63

von seiner Hand erhalten sind, gehört er zu den bedeutendsten Malern der italienischen Renaissance. Die Entwicklung der venezianischen Malerei wurde durch ihn, der ein Lehrer Tizians war, entscheidend geprägt. In der thematischen Gestaltung seiner Gemälde, die oft einen schon den Zeitgenossen schwer zugänglichen poetischen oder philosophischen Gehalt haben, ging der in Philosophie, Dichtkunst und Musik gleichermaßen gebildete junge Künstler eigene Wege. Becketts Interesse für diesen Maler ist auch in Berlin so groß, dass er sich, leider vergeblich, in mehreren Buchhandlungen bemüht, Ludwig Justis großes Werk über Giorgione zu bekommen. Justi, langjähriger Direktor der Berliner Nationalgalerie, hatte den *Giorgione* schon 1908 geschrieben, aber das Buch war rasch vergriffen. Statt einer Neuauflage zuzustimmen, schrieb er in den zwanziger Jahren noch einmal ein ganz neues Buch über den Maler. In seinen Memoiren heißt es, »die Freude der vielen tausend Nächte, in denen dies geschah, gehört zu den schönsten meines Lebens«[9].

Die Reproduktion des Braunschweiger Giorgione-Porträts, die Beckett aus Braunschweig mitgebracht und in seinem Pensionszimmer aufgestellt hat, bleibt jedenfalls an ihrem Platz und wird nicht gegen das fragwürdige Berliner Porträt ausgewechselt.

Am 29. Dezember führt Becketts Weg direkt in die Räume im Südflügel des Kaiser-Friedrich-Museums. Hier findet er einige ausgezeichnete Caravaggios (1571–1610), vor allem *Amor als Sieger*, das mit Bagliones Konkurrenzstück *Der himmlische Amor besiegt den irdischen Amor* an derselben Wand hängt. Das Bild *Christus am Ölberg* »mit einer wunderbar perspektivisch verkürzten Darstellung von Petrus' Fuß« gehört ebenso zu den Kriegsverlusten wie *Matthäus mit dem Engel*.

Voller Bewunderung betrachtet Beckett Tiepolos Gemälde *Das Martyrium der hl. Agathe*, das Wilhelm von Bode, der Kunsthistoriker und spätere Generaldirektor der Preußischen Museen, 1879 in England für hundert Guineas erwerben konnte, weil Tiepolo zu der Zeit in England nicht in Mode war und das Motiv als *shocking* galt. In einem kleinen Raum zwischen den Caravaggios und Tizians sind ferner ausgezeichnete Fresken von Tiepolo, Grisaillen aus der Villa Panigai bei Treviso, zu sehen. Sie beeindrucken Beckett so sehr, dass er sich auf der Weiterreise entschließt, die Fahrt in Würzburg für ein paar Stunden zu unterbrechen und sich die herrlichen Deckenfresken in der Würzburger Residenz anzusehen.

Mit großer Zurückhaltung begegnet Beckett den sechs Gemälden von Tizian (um 1477–1576), mit denen die Reihe der italienischen Maler abschließt. Er fühlt sich an diesem Tag ganz und gar nicht in der Stimmung, sich näher mit ihnen zu befassen, und scheint überhaupt wenig Begeisterung für den venezianischen

Meister aufzubringen. Geradezu ärgerlich findet er offenbar Tizians *Venus mit dem Orgelspieler*. Er erkennt wohl allzu deutlich den Einfluss Giorgiones in Komposition und Stimmung, um nicht die Steigerung ins Dramatische als störend zu empfinden.

Stattdessen wendet er sich einem anderen Venezianer zu, dessen Bilder zu einem Hymnus auf das Venedig des 15. Jahrhunderts wurden: Vittore Carpaccio (1455–1526), jenem Maler, dem Marcel Proust bei seinem Aufenthalt in der Lagunenstadt am häufigsten einen Besuch in der Galleria dell' Academia abstattete. Von den Bildern, die Beckett von Carpaccio in Berlin sieht, ist es ein Spätwerk – »die merkwürdige späte Pietà«[10], wie Bode *Die Grabbereitung Christi* (Abb. 5) bezeichnet –, das Beckett besonders gefällt. »Unglaublich schön«[11], schreibt er an MacGreevy und notiert im Tagebuch: »eine grandiose, große, steinfarbene Christusfigur, Gräber, die sich auftun, Knochen, Schädel, Verliese – ehemals Mantegna zugeschrieben.« Dem Bild liegt die Bibelstelle Matthäus 27,52 zugrunde: »Und die Erde erbebte, und die Felsen zerrissen, und die Gräber taten sich auf, und standen auf viele Leiber der Heiligen, die da schliefen.«

Eine Woche später, als sich Beckett schon sehr krank fühlt und aufgrund seines Furunkels kaum noch gehen kann, kehrt er noch einmal für ein paar Stunden zu den Italienern zurück. Er verweilt in Saal 11 bei Piero di Cosimos Frühwerk *Venus und Mars*, »so ähnlich und zugleich so anders als das Botticelli-Bild desselben Themas in London«, und betrachtet nicht minder aufmerksam Cosimos *Anbetung der Hirten*, zu dem er vermerkt: »immer die Landschaft und die See, auf die sich der Einfluss von Leonardo konzentriert, jedenfalls wirkt er sich nicht auf die Figuren aus *Gott sei Dank*.«

DIE HOLLÄNDISCHEN MALER

Mit derselben Gründlichkeit und Systematik, mit der Beckett die Italiener studierte, verfährt er auch bei den Holländern, die sich im Gebäudeflügel am Kupfergraben befinden. Er stattet ihnen drei Besuche ab, von denen die ersten beiden um »Brouwer und seine Zeit« kreisen, der dritte im Wesentlichen Rembrandt und Terborch gewidmet ist. Ein weiterer Besuch gilt der altniederländischen Malerei im Deutschen Museum.

Eigentlich war er am 30. Dezember auf dem Weg zum großen Rubens-Saal, stellte aber bald fest: »nicht in Stimmung für Rubens, wahrscheinlich nie«. Und doch findet er bewundernde Worte für den *Hl. Sebastian* (Abb. 14) (»*very splendid*«), den Peter Paul Rubens (1577 –1640) selbst in einem Brief als »Blüte seiner Sachen in seinem Haus« bezeichnet, ferner für den unvollendeten Entwurf *Die Eroberung von Tunis durch Kaiser Karl V.* Es sind nicht die gro-

Vittore Carpaccio, Die Grabbereitung Christi, um 1505, Ausschnitt (Staatliche Museen zu Berlin – Preußischer Kulturbesitz, Gemäldegalerie / 23A)

→ Abb. 5, S. 63
→ Abb. 14, S. 67

ßen dramatischen Gemälde, die Beckett interessieren, sondern zwei überraschend gefällige kleine Landschaften, vor allem das *Landschaftsbild mit Galgen*, ferner Rubens' *Neptun und Amphitrite* (Abb. 13) »mit fabelhaften Tieren – Krokodil, Löwe, Tiger, Rhinozeros etc.«, dessen Mittelgruppe der Rubens-Schüler Teniers in sein eigenes Bild *Neptun und Amphitrite* kopierte.

Die gegenseitigen Einflüsse und verwandtschaftlichen Verhältnisse zwischen Rubens, Adriaen Brouwer (1605/6–1638), David Teniers (1610–1690) und Jan Brueghel (1568–1625), dem »Samt-Brueghel«, wie er im Unterschied zu seinem Vater Pieter Brueghel (1525/30–1569) oft genannt wird, werden besonders augenfällig bei dem Bild *Gesellschaft beim Mahle* (Abb. 16), zu dem Beckett notiert: »Eine interessante Gruppe bei Tisch von Teniers d. J. mit einem Bild von Teniers d. Ä. und einem Bauernstück von Brouwer an der Wand, und eine *Versuchung des hl. Antonius*, bei dem die Schönheit, vom Teufel hereingeführt, die Züge von Teniers erster Frau Anna Brueghel (Schwester von Samt-Brueghel?) trägt. Sein *St. Hubert* wiederum trägt die Handschrift resp. prägt der Pinselstrich von Rubens, der die Heiligenfigur gemalt hat.« Viele Einzelheiten dieser Art, die dem Museumsverzeichnis entnommen sind, findet man stichwortartig auf Englisch im Tagebuch wieder.

Natürlich geht Beckett im großen Rubens-Saal nicht gleichgültig an den Gemälden von Van Dyck (1599–1641) vorüber, von denen ihn vor allem die Frühwerke beeindrucken, insbesondere *Die Verspottung Christi* (um 1619) mit einer großartigen Figur auf der linken Seite. Die Bilder von Adriaen Brouwer muss er suchen. Im *Grieben* findet man Genremaler seiner Art wie D. Teniers d. J. oder Jan Steen verzeichnet, aber keinen Brouwer. »Warum steckt man ihn immer in die hinterste Ecke?«, wundert sich Beckett.

→ Abb. 13, S. 67
→ Abb. 16, S. 68

Wilhelm von Bode publizierte schon 1883 einen längeren Aufsatz über Adriaen Brouwers Leben und Schaffen, in dem er nachzuweisen versuchte, dass Brouwer neben Rubens der genialste Künstler Antwerpens war, der auf die Genremalerei in Holland ebenso großen Einfluss ausübte wie auf die Genremalerei der spanischen Niederlande.[12]

1924 erschien Bodes bahnbrechendes Buch über Brouwer, und man wird Becketts Vorliebe für diesen Maler vielleicht besser verstehen, wenn man Bodes Einschätzung des »Adonis in Lumpen«, des »Epikuräers mit zynischen Formen«, wie er in alten Künstlerbiografien genannt wird, kennt: »Jeder Zoll ein Künstler, ein malerisches Genie, das neben den Größten genannt zu werden verdient, aber von einem unüberwindlichen Hang zum Bohème beseelt«, so schildert ihn Bode. »Er taucht auf, niemand weiß woher, und verschwindet ebenso unvermutet, niemand weiß wohin. Er tritt ins Leben ein, in dem er, noch ein halber Knabe, seinen Eltern davonläuft; kaum zum Manne gereift, wird er schon aus dem Leben abgerufen, etwas plötzlich und gewaltsam: Der Tod ereilt ihn in irgendeiner Kneipe, und sein Körper wird mit den Leichen von Bettlern in ein Loch zusammengeworfen. Je mehr uns die Forschung mit seinem Leben bekannt macht, um so interessanter erscheint uns der Charakter des Mannes, je mehr seiner Werke uns bekannt werden und je mehr wir uns in sie vertiefen, um so anziehender wird das Bild des Künstlers, der durchdrungen war von der Torheit der Welt und allen menschlichen Treibens, gegen Geld und Gut tiefste Verachtung, vor der Kunst aber die größte Hochachtung hatte – auf seine Weise ein echter Philosoph. [...] Kein anderer schuf landschaftliche Impressionen so großartig wie er, erst später Constable, Corot oder Manet. Der Künstler entdeckt in der Landschaft, die er früher kaum beachtet hatte, immer neue Schönheiten, gibt sie mit einer Zartheit der Empfindung wieder, so dass wir davon auf die wahre Empfindung dieses ›rohesten Bauernmalers‹, wie früher bezeichnet, schließen können, einen Wandel, eine Veränderung der ganzen Lebensanschauung des Künstlers.«[13]

Für den Museums- und Kunstbetrieb darf Bode wohl als Wiederentdecker Brouwers gelten, da dessen Bilder bis dahin zumeist noch aus den Museen verbannt waren. Um so erstaunlicher ist es, dass es bereits 1874 einen Brouwer-Verehrer gab, der sogar ein Gedicht zu einem von dessen Bildern verfasste. Es handelt sich um Wilhelm Busch, dem wir nicht nur humoristische Bildergeschichten wie *Max und Moritz* verdanken, sondern auch Meisterleistungen in der Landschaftsmalerei. Der Kunstliebhaber Busch besuchte 1867 das Städelsche Kunstinstitut in Frankfurt, sah dort das Brouwer-Bild *Operation am Rücken* und verfasste daraufhin folgendes Gedicht:

Sahst du das wunderbare Bild von Brouwer?
Es zieht dich an wie ein Magnet.
Du lächelst wohl, derweil ein Schreckensschauer
Durch deine Wirbelsäule geht.

Ein kühler Dokter öffnet einem Manne
Die Schwäre hinten im Genick;
Daneben steht ein Weib mit einer Kanne,
Vertieft in dieses Missgeschick.

Ja, alter Freund, wir haben unsre Schwäre
Meist hinten. Und voll Seelenruh
Drückt sie ein andrer auf. Es rinnt die Zähre,
Und fremde Leute sehen zu.

Es ist nicht verwunderlich, dass Beckett gerade für diesen Maler, der menschliche Gemüts- und Gefühlszustände meisterhaft darzustellen vermochte, eine so große Bewunderung empfand. Was Didi und Gogo in *Warten auf Godot* mit einfachen Worten ausdrücken, wenn sie schmecken, riechen, hören, sehen, fühlen, das führt Brouwer zum Beispiel in seiner »Fünf-Sinne«-Serie mit Pinsel und Farbe vor Augen. »Das Neue bei Brouwer ist die Beschränkung auf eine Haupthandlung mit wenigen Fi-

Adriaen Brouwer, Landschaft mit Kugelspielern, o. J., Ausschnitt (Staatliche Museen zu Berlin – Preußischer Kulturbesitz, Gemäldegalerie/853J)

→ Abb. 12, S. 66

guren und die nahsichtige Konzentration auf die damit zusammenhängenden Affekte.«[14] Dieser Satz könnte auch über Becketts *Godot* gesagt werden. Die beiden Paare auf der Bühne (Pozzo & Lucky, Didi & Gogo) spielen eine ganze Skala menschlicher Empfindungen und Verhaltensweisen durch. Es könnten allerdings auch die vier Temperamente sein, die hier im Bild oder auf der Bühne ihren Ausdruck finden. Mit der Erforschung der tieferen Inhalte der Genrebilder hat die Kunstgeschichte erst in den sechziger Jahren begonnen. Beckett war mit seiner Einschätzung der Bilder von Brouwer seiner Zeit zweifellos voraus. Als er mit Rosa Schapire, einer bekannten Kunstkritikerin, die er in Hamburg kennen gelernt hatte, in Berlin wieder zusammentraf und sie auf das Tragische in den Brouwer-Bildern hinwies, tat sie es kurzerhand als Unsinn ab und sagte nur: *»He was a talented Taugenichts & no more.«*

Von den sieben Brouwer-Bildern im Kaiser-Friedrich-Museum sind es vor allem die nach 1635 entstandenen Spätwerke *Der müde Wanderer*, *Der Hirt am Wege*, *Landschaft mit Kugelspielern,* die Becketts Interesse finden. Die Zuschreibung des ersteren scheint ihm allerdings zweifelhaft zu sein, er vermutet, dass es eher aus der Hand von Brouwers Gehilfen Craesbeek stammt, von dem er gerade ein gutes Bild in einem der anderen Säle gesehen hat. Hingegen findet er das Gemälde *Der Hirt am Wege* *»exquisite«*. Brouwer bevorzugte in seinen Landschaften Abendstimmungen wie hier den aufgehenden Mond am Meeresstrand. Das spezielle Licht bot ihm Gelegenheit für unterschiedliche koloristische Reize. Das dritte Bild, »Die reizende Landschaft mit den Keglern« (Abb. 12), wie es bei Bode heißt, beeindruckt durch den wundervollen Himmel, der die Stimmung vor einem Gewitter »mit Wahrheit und Poesie«[15] einzufangen vermag. Die abgeklärten Landschaftsbilder des späten Brouwer rührten Beckett zutiefst. »Mir schien, als gehörten sie zu seiner geistigen Welt«, schreibt er an MacGreevy.[16]

Am Morgen des 5. Januar 1937 macht sich Beckett auf den Weg, um die drei Rembrandt-Räume im Kaiser-Friedrich-Museum zu besichtigen. Er ist kein glühender Rembrandt-Verehrer und stellt auch diesmal fest: »Mit dem besten Willen der Welt habe ich keine Lust, mich auf die Sinndeutungen einzulassen, die sich nun mal nicht einstellen.« Und er notiert: *»E l'oscuro è veramente troppo più oscuro che non lo voleva.«* (»Die dunklen Partien sind wirklich dunkler, als er es wollte.«)

Rembrandt war einer der produktivsten Maler seiner Epoche. Seine Bilder findet man, im Gegensatz zu denen Brouwers, in allen großen Museen der Welt. Bereits in Kassel hatte Beckett neun Bilder von ihm gesehen, in Berlin sind es nun zwölf. In Dublin befindet sich *Das Porträt einer jungen Frau,* das Rembrandt mit 27 Jahren malte und das ihn für seine

Art der Porträtmalerei berühmt machte. Beckett sah das Bild, übrigens selbst gerade in diesem Alter, und fand es prachtvoll: *»The young woman of Rembrandt is splendid.«*[17] Nicht minder angetan ist er von dem in Berlin hängenden späten Porträt von »Hendrickje Stoffels – ausgezeichnet, ihre kraftvolle Ergebenheit« (Abb. 15). Bode hatte das Bild 1879 in London für das Kaiser-Friedrich-Museum sehr billig ersteigern können, weil niemand glauben wollte, dass die *Hendrickje* tatsächlich von Rembrandt sei.

Das Werk *Susanna und die Alten* lehnt sich an das Gemälde von Rembrandts Lehrer Pieter Lastman (1583–1633) an, von dem Beckett zuvor ein reizendes Bild im Nebenraum gesehen hatte. Lastman war in Italien gewesen und tief beeindruckt von den Arbeiten Caravaggios und besonders Adam Elsheimers zurückgekehrt. Das vor allem von Caravaggio entwickelte Gestaltungsprinzip des Chiaroscuro, des Helldunkel, hat Rembrandt bei Lastman kennen gelernt.

Beckett verzeichnet in seinem Tagebuch weitere Werke Rembrandts, die ihn beeindruckten, etwa *Potiphars Frau*, ein prachtvolles Gemälde, bei dem Becketts besondere Aufmerksamkeit und Bewunderung den gemalten Objekten gilt: Josephs Mantel, dem Bett, dem Bettpfosten, dem Frauengewand. Der *Geldwechsler* (1627), ein interessantes Frühwerk, scheint Beckett stark von Honthorst beeinflusst: »Ein bestimmter Aspekt bei R[embrandt] ist nichts anderes als eine Weiterentwicklung von Honthorst«, vermerkt er. Gerard van Honthorst (1590–1656), dessen *Befreiung Petri* im Kaiser-Friedrich-Museum hing, war der wichtigste Vermittler des Caravaggismus in Holland. Beckett nennt ihn einmal an anderer Stelle *Gherardo della Notte*.

Rembrandts Spätwerk *Jakob ringt mit dem Engel* (1660) stieß bei Beckett eher auf Ablehnung: *»A metaphysical boneslicker. To make it as here zärtlich is not only too easy, but wrong. Surely here if ever a case of all in.«* (»Ein metaphysisches Gelutsche an einem harten Knochen. Es *zärtlich* darzustellen wie hier, ist nicht nur viel zu einfach, sondern falsch. Bestimmt ist es hier mehr denn je ein Fall, damit überfordert zu sein«). *Sim-*

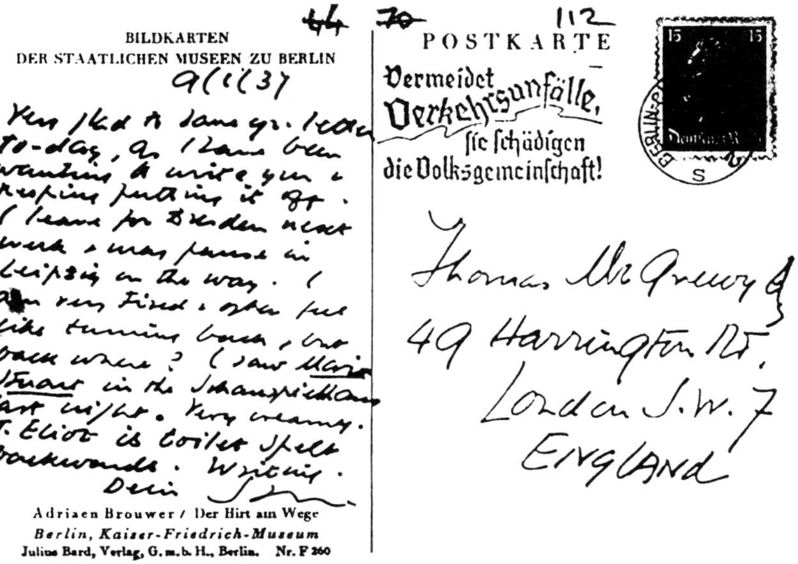
BILDKARTEN
DER STAATLICHEN MUSEEN ZU BERLIN

9/1/37

Adriaen Brouwer / Der Hirt am Wege
Berlin, Kaiser-Friedrich-Museum
Julius Bard, Verlag, G. m. b. H., Berlin. Nr. F 260

POSTKARTE
Vermeidet Verkehrsunfälle, sie schädigen die Volksgemeinschaft!

Thomas McGreevy Esq
49 Harrington Rd.
London S.W. 7
England

Postkarte Becketts an Thomas MacGreevy, 9. Januar 1937

→ Abb. 15, S. 67

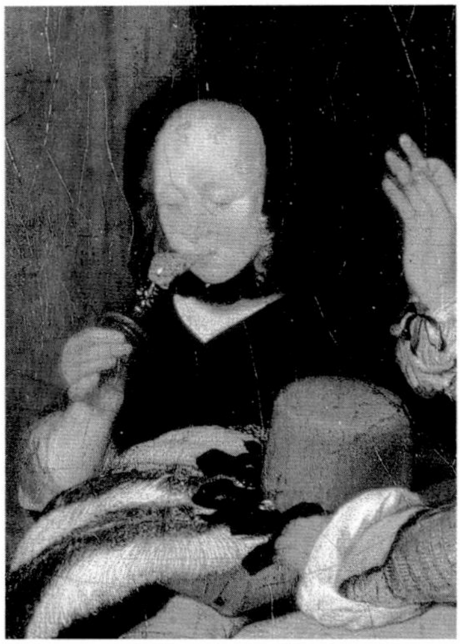

Gerard Terborch, Die väterliche Ermahnung, um 1654/55, Ausschnitt (Staatliche Museen zu Berlin – Preußischer Kulturbesitz, Gemäldegalerie / 791)

son bedroht seinen Schwiegervater verurteilt er als »glattweg schlecht«. Der viel bewunderte *Goldhelm* ist in Becketts Augen »unter aller Kritik«. Diese Meinung, die seinerzeit vermutlich Empörung ausgelöst hätte, hat sich inzwischen insofern bestätigt, als das Bild neuerdings nur noch dem Rembrandt-Umkreis zugeschrieben wird.

»28 Rembrandts in all«: Beckett schließt die Rückschau auf die Rembrandträume am Abend mit dem erstaunlichen Satz ab, der noch einmal seine besondere Vorliebe für Brouwer unterstreicht: »Ich gäbe alle Rembrandts für den kleinen Brouwer-Hirten am Wege, der die Schalmei bläst.«

Insgesamt sind über achtzig holländische Maler im Tagebuch vermerkt. Hier sei nur noch Gerard Terborch (1617–1681) erwähnt, von dem Beckett, wie er notiert, im Victoria & Albert Museum in London ein wunderschönes kleines Bild entdeckt hatte, das Porträt eines Mannes in Schwarz. In Berlin hängt *»a fine lot of Terborchs«*: vier Porträts, ferner *Die Konsultation*, *Der Raucher* und das bekannte Bild mit der Cellospielerin *Das Konzert*, das Beckett offenbar nicht besonders interessiert. Er könne fast verstehen, fügt er hinzu, warum es früher Netscher, Terborchs Lehrling, zugeschrieben wurde. Das *Junge Paar beim Wein* ist auch für Beckett ein reizendes Bild und »erstaunlich«, wie er anmerkt. Ausführlicher kommentiert er *Die Familie des Schleifers*: »sehr locker, frei und strahlend, die Mutter versucht, ihre Tochter am Eingang des verfallenen Hauses hereinzuholen, der Schleifer wetzt eine Sense in einem Schuppen, ein junger Mann steht dabei und schaut zu. Es hat etwas von einem Tiepolo. Habe noch nie solch einen Terborch gesehen.«

→ Abb. 17, S. 69

Als letztes kommentiert Beckett Terborchs unter dem irreführenden Titel *Die väterliche Ermahnung* (Abb. 17) bekannt gewordenes Bild. Zu diesem Titel kam es, weil man die einladende Geste des jungen Mädchens missverstand. »Es ist natürlich eine Bordellszene«, schreibt er, »die junge Frau, in einem schönen silbrigen Gewand, dem Zuschauer den Rücken zukehrend, die alte Frau im Hintergrund an einem Weinglas nippend. Goethe deutete das Bild in den *Wahlverwandtschaften* als ›Ermahnung‹. Typisch für ihn. Eine andere Version, mit Hund, im Rijksmuseum. Die junge Frau allein, in Dresden.«

In seinem Roman *Die Wahlverwandtschaften* lässt Goethe einen Kupferstich von J. G. Wille mit dem Titel *Väterliche Ermahnung,* der nach diesem Bild von Terborch gefertigt wurde, als lebendes Bild nachstellen. »... Als Drittes hatte man die so genannte väterliche Ermahnung gewählt, und wer kennt nicht den herrlichen Kupferstich unseres Wille von diesem Gemälde? Einen Fuß über den anderen geschlagen sitzt ein edler ritterlicher Vater und scheint seiner vor ihm stehenden Tochter ins Gewissen zu reden. Diese, eine herrliche Gestalt, im faltenreichen weißen Atlaskleide, wird zwar nur von hinten gesehen, aber ihr ganzes Wesen scheint anzudeuten, dass sie sich zusammennimmt.« (2.Teil, Kap. 5). Goethe erzählt weiter, das Publikum habe laut gerufen, das Mädchen solle sich umdrehen. Es sei sich aber dessen bewusst gewesen, dass der Sinn des Bildes – hätte es der Aufforderung gehorcht – verloren gegangen wäre. Die psychologische Spannung, die Terborch oft zwischen seinen Personen andeutet, wäre in der Tat durch die Entlarvung der Rückenfigur aufgehoben worden.

IM DEUTSCHEN MUSEUM: DIE ALTDEUTSCHEN UND ALTNIEDERLÄNDISCHEN MALER

Im Durchgang vom Kaiser-Friedrich-Museum zum Deutschen Museum waren in den Wochen, in denen sich Beckett in Berlin aufhielt, vierzig Handzeichnungen großer altdeutscher Meister ausgestellt, eine Gegengabe des Louvre für die Werke, die Berliner Museen Paris für die dortige Rubens-Schau ausgeliehen hatten. Die Berliner Kritik jubelte, und in einem Zeitungsbericht hieß es: »Nirgends ist das Wesen unserer Kunst, ihr unkonventioneller Schönheitsbegriff so spontane und elementare Liniensprache geworden wie in der Graphik der Zeit Dürers, Grünewalds und Holbeins, und nirgends sind die Unterschiede und Gegensätze etwa zur französischen Kunst so zwingend wie in den zeichnerischen Bekenntnissen jener glücklichen und höchsten Stunde deutscher Kunst.«

Beckett betrachtete die Zeichnungen mit »fleißigem Auge«, aber vermutlich mit ganz anderem Blick. Elsheimers *Nachtlandschaft, mit Hirten an einem Feuer* – von Beckett mit den Worten »Ausgezeichnet. Wasser, Mond, Wald, Hirten, Feuer, Lichtung und ein kleines Feuer, das am Ufer entfacht wird« gewürdigt – ist für ihn ein gutes Beispiel für *spotlight painting,* bei dem sich besondere Lichteffekte dadurch ergeben, dass eine einzige Lichtquelle, Mond, Kerze, Fackel oder Feuer, einen bestimmten Teil fokussiert. Beckett mag sich bei der Inszenierung seiner Stücke an dieses Prinzip erinnert haben. Selten ist die ganze Bühne ausgeleuchtet, vielmehr erscheint, insbesondere bei den späteren Stücken, nur ein bestimmter Ausschnitt, eine Person, ein Objekt im Lichtkegel.

Vierzehn Dürer-Blätter waren aus Paris zu Besuch, darunter ein wunderbares Männerporträt von seiner Reise nach Holland, ferner *Maria mit den vielen Tieren* sowie zwei Skizzen für ein großes Kreuzigungsbild, das er nicht ausführte, daneben Zeichnungen von Burgkmair und Holbein, Altdorfer und Cranach, Huber und Schäufelein. Aber mehr als Dürer scheint Beckett der Deutsch-Römer Adam Elsheimer (1578–1610) zu interessieren, dessen Bild *Tobias und der Engel* er in London gesehen hatte und schon dort ausgezeichnet fand. »Rubens ließ viel Dampf ab zu seinem Tod und bedauerte seine Faul-

Pieter Brueghel d. Ä., Die niederländischen Sprichwörter, 1559, Ausschnitt (»Er sieht nicht durch die Finger [er schaut nicht genau hin, weil er auf jeden Fall den Nutzen hat]«) (Staatliche Museen zu Berlin – Preußischer Kulturbesitz, Gemäldegalerie / 1720)

→ Abb. 11, S. 66

heit!«, schreibt er empört an MacGreevy[18], nachdem er offenbar den Brief gelesen hatte, den Rubens nach dem frühen Tod Elsheimers an den niederländischen Maler und Kunstschriftsteller Carel van Mander gesandt hatte:

»Was mich anbelangt«, schreibt Rubens dort im Januar 1611, »so war mir das Herz nie so von Schmerz zerrissen als beim Empfang dieser Nachricht, und nie mehr werde ich die, die ihn zu einem so elenden Ende gebracht haben, mit Freundesblicken betrachten. Ich bitte Gott, er möge Adam seine Faulheit verzeihen, durch die er der Welt vieler erlesener Dinge beraubt, sich selbst viel Elend geschaffen und sich selbst sozusagen in die Verzweiflung getrieben hat, da er sich doch mit eigenen Händen ein so großes Vermögen hätte schaffen, sich doch die Achtung der ganzen Welt hätte erringen können.«[19]

Rubens hatte es zweifellos besser verstanden, zu materiellem Wohlstand zu gelangen. Aber Becketts Herz schlug für Elsheimer, der ebenso früh starb wie Brouwer, Giorgione oder der andere *spotlight painter* Geertgen tot Sint Jans, den Beckett sehr schätzte. Beckett, der damals ungefähr in dem Alter war, in dem diese Künstler starben, fragte sich: »Werde ich nie lernen, mich nicht mehr für jung zu halten?« Und er fügt im Hinblick auf Brueghels *Sprichwörter* die ergreifenden Worte hinzu: *»I am the pretty young man, der durch die Finger sieht. Was sehe ich durch die Finger, mich, mit übergehenden Augen.«*

Im Deutschen Museum erwartete Beckett nicht nur deutsche Kunst, sondern auch »die der deutschen Art so nahestehende Kunst der frühen Niederländer«, wie es im *Grieben* heißt. Er besuchte die reichhaltige Sammlung zweimal, am 17. Dezember 1936 und am 13. Januar 1937. Im Dezember geht er durch die vier Säle im Obergeschoss (31 – 34), von Pieter Brueghel bis Van Eyck, *»doing them backwards«*, wie er schreibt. Besondere Erwähnung finden an diesem Tag Pieter Brueghel d. Ä., der »Bauern-Brueghel« (1525/30 – 1569), Geertgen tot Sint Jans (1460/65 – nach 1490), Dieric Bouts (1410/20 – 1475), Aelbert van Ouwater (um 1415 – 1475), Joachim Patenier (um 1480 – 1524) und Jan Gossaert, auch Mabuse genannt (um 1478 – 1532). Auch von *lovely* Memlings (um 1434 – 1494), von fünf Werken von Petrus Christus (um 1410 – 1472/ 73) und sieben Van Eycks (um 1390 – 1441) ist die Rede. Wie in den meisten Fällen handelt es sich auch bei diesen Eintragungen nur um zusätzliche Informationen zu den Malern, deren Werke ihm aus anderen Museen längst vertraut sind. Hier und da setzt er ein einzelnes Wort oder eine amüsante Bemerkung hinzu oder notiert ein Detail. Bei dem allbekannten Sprichwörter-Bild von Pieter Brueghel d. Ä. (Abb. 11) reizt ihn nicht die Entschlüsselung der 118 bildlich dargestellten Lebensweisheiten, die sich freilich zumeist eher als Torheiten erweisen – »eher langweilig«, lautet sein Kommentar –, doch merkt er sich die Nr. 92 »Zwei

ITALIENISCHE MALEREI

Die folgenden Seiten bieten eine Auswahl aus den Gemälden, die Beckett während seines Berlin-Aufenthaltes im Kaiser-Friedrich-Museum, im Deutschen Museum, in der Nationalgalerie und im Kronprinzenpalais gesehen und beschrieben hat. Die farbig abgebildeten Werke gehören heute noch zum Bestand der Staatlichen Museen zu Berlin, die Kriegsverluste sind in Schwarz-Weiß wiedergegeben.

1 Tommaso Masaccio
Die Enthauptung Johannes des Täufers,
rechter Teil der linken Tafel einer Altarpredella, 1426 (Staatliche Museen zu Berlin – Preußischer Kulturbesitz, Gemäldegalerie/58B)

2 Domenico Veneziano
Anbetung der Könige,
um 1439/41 (Staatliche Museen zu Berlin – Preußischer Kulturbesitz, Gemäldegalerie/95A)

3 Luca Signorelli
Pan als Gott des Naturlebens und als Meister der Musik,
o. J. (Kriegsverlust / Eigentümer: Staatliche Museen zu Berlin – Preußischer Kulturbesitz, Gemäldegalerie)

4 Sandro Botticelli
Thronende Maria mit dem Kind und den beiden Johannes,
1485 (Staatliche Museen zu Berlin – Preußischer Kulturbesitz, Gemäldegalerie/106)

5 Vittore Carpaccio
Die Grabbereitung Christi,
um 1505 (Staatliche Museen zu Berlin – Preußischer Kulturbesitz, Gemäldegalerie/23A)

6 Giorgione
Bildnis eines jungen Mannes,
o. J. (Staatliche Museen zu Berlin – Preußischer Kulturbesitz, Gemäldegalerie/12B)

ITALIENISCHE MALEREI

7 Andrea del Sarto
Bildnis einer jungen Frau,
o. J. (Staatliche Museen zu Berlin – Preußischer Kulturbesitz, Gemäldegalerie/240)

8 Correggio
Leda mit dem Schwan,
um 1532 (Staatliche Museen zu Berlin – Preußischer Kulturbesitz, Gemäldegalerie 218)

9 Giovanni Girolamo Savoldo
Die Venezianerin,
um 1535/40 (Staatliche Museen zu Berlin – Preußischer Kulturbesitz, Gemäldegalerie – Preußischer Kulturbesitz/307)

10 Bronzino
Ugolino Martelli,
1540 (Staatliche Museen zu Berlin – Preußischer Kulturbesitz, Gemäldegalerie/338A)

11 Pieter Brueghel d. Ä.
Die niederländischen Sprichwörter,
1559 (Staatliche Museen zu Berlin – Preußischer Kulturbesitz, Gemäldegalerie/1720)

12 Adriaen Brouwer
Landschaft mit Kugelspielern,
o. J. (Staatliche Museen zu Berlin – Preußischer Kulturbesitz, Gemäldegalerie/853J)

13 Peter Paul Rubens
Neptun und Amphitrite,
o. J. (Kriegsverlust / Eigentümer: Staatliche Museen zu Berlin – Preußischer Kulturbesitz, Gemäldegalerie)

14 Peter Paul Rubens
Der Hl. Sebastian,
um 1618 (Staatliche Museen zu Berlin – Preußischer Kulturbesitz, Gemäldegalerie/798H)

15 Rembrandt Harmensz van Rijn
Hendrickje Stoffels,
o. J. (Paris, Musée du Louvre/1751)

16 David Teniers d. J.
Gesellschaft beim Mahle,
1634 (Staatliche Museen zu Berlin – Preußischer Kulturbesitz, Gemäldegalerie/866B)

17 Gerard Terborch
Die väterliche Ermahnung,
um 1654/55 (Staatliche Museen zu Berlin – Preußischer Kulturbesitz, Gemäldegalerie/791)

18 Jan Vermeer van Delft
Junge Dame mit Perlenhalsband,
um 1662/65 (Staatliche Museen zu Berlin – Preußischer Kulturbesitz, Gemäldegalerie/912B)

19 Hans Multscher
Die Kreuztragung Christi,
Flügelinnenseite des Wurzacher Altars, 1437 (Staatliche Museen zu Berlin – Preußischer Kulturbesitz, Gemäldegalerie/162 G)

20 Konrad Witz (Werkstatt)
Der Ratschluss der Erlösung,
nach 1444 (Staatliche Museen zu Berlin –Preußischer Kulturbesitz, Gemäldegalerie/1637)

21 Albrecht Dürer
Die Madonna mit dem Zeisig,
1506 (Staatliche Museen zu Berlin – Preußischer Kulturbesitz, Gemäldegalerie/557F)

22 Albrecht Altdorfer
Der Bettel sitzt der Hoffart auf der Schleppe,
Allegorie, 1531 (Staatliche Museen zu Berlin – Preußischer Kulturbesitz, Gemäldegalerie/638C)

23 Max Liebermann
Amsterdamer Waisenmädchen,
1876 (Studie) (Staatliche Museen zu Berlin – Preußischer Kulturbesitz, Nationalgalerie/A II 387;
© VG Bild-Kunst, Bonn 2005)

24 Hans von Marées
Das Parisurteil,
1880/81 (Kriegsverlust/Eigentümer: Staatliche Museen zu Berlin – Preußischer Kulturbesitz, Nationalgalerie)

25 Edvard Munch
Trauer,
aus dem Lebensfries für das Max-Reinhardt-Theater in Berlin, 1907 (Kriegsverlust/Eigentümer: Staatliche Museen zu Berlin – Preußischer Kulturbesitz, Nationalgalerie; © The Munch Museum/The Munch Ellingsen Group/VG Bild-Kunst, Bonn 2005)

26 Vincent van Gogh
Liebespaar,
1888 (Kriegsverlust/Eigentümer: Staatliche Museen zu Berlin – Preußischer Kulturbesitz, Nationalgalerie)

Pieter Brueghel d.Ä., Die niederländischen Sprichwörter, 1559, Ausschnitt (»Sie scheißen beide durch dasselbe Loch [unzertrennliche Spießgesellen]«) (Staatliche Museen zu Berlin – Preußischer Kulturbesitz, Gemäldegalerie / 1720)

scheißen durch ein Loch«, was besagen will: Sie sind unzertrennliche Spießgesellen. Beckett, der häufig eine derbe Ausdrucksweise in Rabelais'scher Tradition pflegte, scheint seine Freude daran gehabt haben.

Bei seinem zweiten Besuch am 13. Januar 1937 geht er noch einmal in der vorgegebenen »richtigen« Reihenfolge durch die Räume und bewundert insbesondere einzelne Figuren wie die wunderbare Maria mit roten Augen auf dem Kreuzigungsbild von Jan oder Hubert Van Eyck – die Zuschreibung war übrigens umstritten – oder die Maria auf den beiden Bildern *Maria in Anbetung* und *Maria mit dem Kind* des für seine biblischen Motive bekannten Dierick Bouts. Beeindruckt ist er auch von der Figur des knienden Königs auf dem großartigen Altarbild *Die Anbetung der Könige* von Hugo van der Goes (1440–1482). Besonderes Interesse zeigt er für den von Dürer als »gut Landschaftsmaler« bezeichneten Joachim Patenier, der auch auf dem Berliner Bild *Ruhe auf der Flucht nach Ägypten* ein großartiges Landschaftspanorama schafft. Das Thema der Flucht hat Beckett in seinem eigenen Werk mehrmals behandelt.

Dass Beckett sich die Mühe machte, ungefähr fünfzig Maler dieser Sammlung in seinem Tagebuch namentlich festzuhalten, ist ein weiterer Beleg für sein Interesse an der altniederländischen Malerei. »*Wonderful collection!*« – lautet sein Resümee.

Der Besuch bei den Deutschen im Deutschen Museum brachte noch einmal einige Höhepunkte, auch wenn Beckett die Sammlung, insgesamt gesehen, verglichen mit den Italienern, Holländern und Altniederländern, weniger reichhaltig erschien. Er besuchte die deutsche Sammlung zweimal, am Anfang und am Ende seines Aufenthalts. Seine Aufzeichnungen beschränken sich auf die Großen der Blütezeit der deutschen Malerei, auf Dürer, Baldung, Cranach und Altdorfer, die alle annähernd der gleichen Generation angehörten und deren Wirken die ersten Jahrzehnte des 16. Jahrhunderts nachhaltig prägte. Seine Anmerkungen sind auch hier kurz und sachlich, zeigen aber durch zahlreiche positive Adjektive – *admirable, magnificent, splendid, superb, exquisite* –, wie sehr ihn einige der Bilder anrührten. An der Erwähnung zahlreicher Details erkennt man auch hier, wie aufmerksam er die Kunstwerke betrachtete.

Bei Dürer sind es die beiden späten Porträts (von 1526) seiner vornehmen Nürnberger Freunde Jacob Muffel und Hieronymus Holzschuher, die er bewundert; insbesondere beeindruckt ihn die Pelz- und Haarmalerei auf den Bildern dieser beiden Ratsherren. Nicht minder angetan ist er von dem Bildnis Friedrichs des Weisen von 1496 aus der frühen Schaffensperiode des Meisters und dem *Porträt einer jungen Frau*, das Dürer nach seiner zweiten Italienreise malte. *Lovely* lautet der Kommentar Becketts zu dem Bild mit dem blauen Meer und Himmel im Hintergrund. Er notiert auch den im Brustlatz der Porträtierten eingesticken Schriftzug *Agnes D.*, den Namen von Dürers Frau. Wilhelm von Bode hatte das Bild in London gekauft, er beschreibt, wie er bei einem Aufenthalt dort von einem Händler auf das Bild aufmerksam gemacht wurde, bei dem zunächst nur die großen Buchstaben A D deutlich zu erkennen waren. Man war sich der Zuschreibung nicht sicher. Aber Bode, überzeugt davon, einen echten Dürer vor sich zu haben, ließ den breiten Rahmen abnehmen, der die Malerei ringsum fast zwei Finger breit verdeckt hatte, und: »siehe da, oben in der Ecke befand sich das echte Monogramm.«[20]

Ein negatives Urteil fällt Beckett hingegen über das Gemälde *Madonna mit dem Zeisig* (Abb. 21), und er steht damit nicht allein. Der Schweizer Kunsthistoriker Heinrich Wölfflin war der gleichen Auffassung: »Ist je ein Thema frostiger, akademischer abgewandelt worden als hier? Ist das noch derselbe Mann, der drei Jahre vorher den kleinen Kupferstich der säugenden Maria mit seiner ganzen Herzlichkeit gemacht hat? Hier ist die Unmittelbarkeit verschwunden und alle natürliche Zusammenbewegung erstarrt.«[21]

Als begabtester Schüler in Dürers Werkstatt gilt Hans Baldung, genannt Grien (1484/85–1545), der dem fünfzehn Jahre älteren Meister sein Leben lang verbunden blieb. Dürer schätzte die Arbeiten Grünhansens, dieses »grünen Jungen«, so sehr, dass er ein paar Holzschnitte von ihm mit auf seine Reise nach Holland nahm und sie Joachim Patinier zur Hochzeit schenkte. Beckett ist zunächst von Baldungs Arbeiten wenig angetan, nach seinem Urteil ist er weniger begabt, nimmt Zuflucht zu Manierismen, vor allem bei den Händen. Die herrlich bewegten Hände bei Dürer mögen bei dem Dürer-Schüler affektiert wirken, dieser Makel beeinträchtigt aber letzten Endes nur wenig den künstlerischen Gesamteindruck seines Werkes, das sich vor allem durch die meisterliche Darstellung des menschlichen Körpers auszeichnet. Baldungs *Ringkampf zwischen Herkules und Antäus*, auf dem sich marmorhelle Leiber vor nachtschwarzem Grund abheben, war Beckett gewiss schon in Kassel aufgefallen. Bei seinem zweiten Besuch im Deutschen Museum korrigiert er sein Urteil, lobt das »exzellente Porträt« des Grafen zu Löwenstein, amüsiert sich über den Apfelschimmel auf dem Kreuzigungsbild, sieht aber in dem *Kopf eines Apostels* allzu deutlich den Einfluss des Meisters Albrecht Dürer: »*very Durerish*«.

Bei Albrecht Altdorfer (1480–1538), von dem sieben Bilder in der Berliner Sammlung zu sehen waren, kommt es zum ersten Mal zu dem Ausruf »eine Offenbarung!«. Knapp beschreibt er das entscheidende strukturelle Prinzip dieser Bilder: »Sakrale Themen Vorwand für Landschaft, ganz und gar nicht wie bei Elsheimer, eher fröhlich, und dennoch sofort auf Elsheimer hindeutend.«

Albrecht Dürer, Bildnis des Jacob Muffel, 1526 (Staatliche Museen zu Berlin – Preußischer Kulturbesitz, Gemäldegalerie / 557D)

→ Abb. 21, S. 71

Albrecht Altdorfer, Der Bettel sitzt der Hoffart auf der Schleppe, Allegorie, 1531, Ausschnitt (Staatliche Museen zu Berlin – Preußischer Kulturbesitz, Gemäldegalerie/638C)

Anfang 1935 hatten Becketts Kasseler Verwandte, inzwischen ja längst wieder in Irland, dem kunstliebenden Neffen eines Tages den Katalog der Alten Pinakothek in München mitgebracht. Beckett bestaunte schon damals Altdorfers Landschaften, vor allem den *Laubwald mit dem hl. Georg*, »vorausgesetzt, dass die Farbe so gut ist wie die Komposition. Das andere Bild kommt direkt von Patinier her, vielleicht nicht ganz direkt, aber von keinem anderen«[22]. Mit diesem anderen Bild ist offenbar eine *Donaulandschaft* gemeint, die neben der *Geburt Mariä* und der großartigen *Alexanderschlacht* in dem Münchner Katalog abgebildet ist. Von den sieben *lovely* Gemälden Altdorfers in Berlin sind es das Kreuzigungsbild und *Maria mit dem Kind am Brunnen*, die Beckett besonders hervorhebt. Letzteres hing damals unweit von Dürers »*disagreeable*« *Madonna mit dem Zeisig*. Das kleinformatige Altdorfer-Gemälde ist übrigens wieder ein Bild zum Thema »Ruhe auf der Flucht«: Maria sitzt an einem Renaissancebrunnen, auf dessen Rund Engelchen musizieren; im Hintergrund ist eine gebirgige Landschaft mit einer Stadt an einem See zu sehen. Es ist ein Bild voll frischer und natürlicher Bewegung und bildete dadurch einen besonders auffälligen Gegensatz zu dem steifen Dürer-Bild.

Und dann ist da noch das Sprichwortbild Altdorfers: »Der Bettel sitzt der Hoffart auf der Schleppe« (Abb. 22). Ein reich gekleidetes Paar, auf dessen Schleppe eine Bettlerfamilie sitzt, schreitet auf die Freitreppe eines Renaissanceschlosses zu, auf der der Hofmeister zum Empfang entgegenkommt. Becketts lakonische Bemerkung dazu lautet: »*Also a socialist*«.

Der vierte große Meister dieser Epoche, nur ein Jahr jünger als Dürer, ist Lucas Cranach d. Ä. (1472–1553), der ein überaus reichhaltiges Werk hinterließ. Im Berliner Katalog waren damals 22 Bilder von ihm verzeichnet, aber anscheinend nur die Hälfte davon ausgestellt. Beckett beschränkt sich in seinen Notizen auf die zwei Venus-Bilder, findet aber auch die Maria auf dem Bild *Die mystische Hochzeit* bemerkenswert.

Zwei große Maler, beide 1400 geboren, waren zusammen im ersten der mittleren Säle ausgestellt: Hans Multscher (1400–1467) und Konrad Witz (1400/1410–1445/46). Hier hingen die acht »historisch außerordentlich wertvollen Tafeln von Multscher« mit Darstellungen aus dem Marienleben und der Passion Christi, die nicht nur Bode beeindruckten, der sie für die Berliner Galerie erwarb, sondern auch Beckett: »Eine großartige Reihe von Tafelbildern. Hervorragend gezeichnet, voller Kraft und mit Sinn für Komödie, vor allem beim *Pfingstfest*«. Bei seinem zweiten Besuch hebt er noch einmal Multschers großes realistisches Talent bei der Darstellung des *Pfingstfestes* und der *Kreuztragung* (Abb. 19) hervor und lobt die wunderbare zeichnerische Gestaltung der beiden Ta-

→ Abb. 22, S. 71
→ Abb. 19, S. 70

feln »*Tod Mariä & Auferstehung*«. Es ist ein Frühwerk.

Von Konrad Witz sind es vier Bilder, die Beckett namentlich erwähnt – *Die Königin von Saba vor Salomo, Ratschluss der Erlösung, Christus am Kreuz* und *Der heilige Christophorus* – und als »*lovely pictures*« wertet. Seine Einschätzung »*very Flemish*« ist durchaus zutreffend, da Witz die flämische Buchmalerei und die Eyck'schen Miniaturen, vor allem aber das Werk von Robert Campin stark beeinflusste.

Die Begegnung der Königin von Saba mit König Salomo ist eine von acht Darstellungen des so genannten Heilsspiegelaltars aus der Baseler Kirche St. Leonhard. Der »Heilsspiegel« (*speculum humanae salvationis)* ist ein Erbauungsbuch der dominikanischen Mystik des 14. Jahrhunderts, das Ereignisse des Alten Testaments behandelt und die Ansicht vertritt, dass die Erlösung der Menschheit von Anbeginn an im göttlichen Plan vorgesehen war. In diesem Sinne ist auch das Bild *Der Ratschluss der Erlösung* (Abb. 20) zu verstehen, das auf Visionen der Mystikerin Mechthild von Magdeburg (um 1212–1283) beruht. Beckett, der Bibelkenner, kannte diese Bezüge und fand an ihrer bildlichen Umsetzung durch Konrad Witz durchaus Gefallen. »Die köstliche kleine Kreuzigung von Konrad Witz«, von der Bode spricht und die von Beckett als Gemälde »des jämmerlichen kleinen gekreuzigten Jesus« bezeichnet wird, gilt inzwischen nicht mehr als eigenhändiges Bild von Witz, sondern wird einem unbekannten Maler zugeschrieben, der es vermutlich um 1450 schuf.

Beckett war von der Kunst der Altniederländer und der Malerei der Deutschen vom 15. bis 18. Jahrhundert offenbar so beeindruckt, dass er zur Vertiefung seiner Eindrücke noch am Tage vor seiner Abreise einen Band mit deutschen und flämischen Reproduktionen kaufte.

Die Liste der Museumsbesuche zeigt, dass Beckett fast täglich ein Museum aufsuchte – und dabei ständig zwischen den Häusern wechselte, so dass er die einzelnen Sammlungen nicht durchgängig, sondern etappenweise besichtigte. Nachdem er im Deutschen Museum die Entwicklung der deutschen Malerei bis zur Mitte des 18. Jahrhunderts studiert hatte, machte er sich zur Erkundung der anschließenden Periode in die Nationalgalerie auf.

»EINE LÄSTIGE PFLICHT«: BESUCHE IN DER NATIONALGALERIE

Die ebenfalls auf der Museumsinsel gelegene Nationalgalerie beherbergt Kunst aus dem 19. Jahrhundert und überwiegend Gemälde deutscher Maler. Als Beckett in Berlin weilte, wurde eine vollständige Umordnung der Bestände vorgenommen. Als Grund dafür wurden bauliche Veränderungen genannt, die laut *Grieben* von 1936 »in Ausführung begriffen« waren, »so dass

Hans Multscher, Die Auferstehung Christi, Flügelinnenseite des Wurzacher Altars, 1437, Ausschnitt (Staatliche Museen zu Berlin – Preußischer Kulturbesitz, Gemäldegalerie / 1621G)

→ Abb. 20, S. 70

es nicht möglich ist, den Inhalt der einzelnen Räume anzugeben«. In Wirklichkeit standen jedoch politische Gründe dahinter. Am 1. Juli 1933 wurde Ludwig Justi, der 1909 zum Direktor der Nationalgalerie ernannt worden war, von den Nationalsozialisten »beurlaubt«. An seine Stelle trat ein früherer Assistent Justis, Alois Schardt, der vorher das Städtische Museum in Halle-Moritzburg geleitet und sich große Verdienste um die moderne Kunst erworben hatte. Aber auch seine Neuordnung des Museumsbestandes, die eine Gliederung in eine romantische, eine klassizistische und eine naturalistische Grundrichtung vorsah, entsprach nicht dem Zeitgeist der »nationalen Revolution«. Schardt musste bereits im November 1933 seinen Posten räumen und floh schließlich nach Amerika. Sein Nachfolger, der auch zu Becketts Zeit die Nationalgalerie und die ihr angeschlossene Neue Abteilung im Kronprinzenpalais leitete, war Eberhard Hanfstaengl, der bis dahin die Galerie im Lenbachhaus in München geführt hatte, ein guter Kenner der deutschen Kunst des 19. Jahrhunderts. Unter ihm verschwand fast alles aus den Ausstellungsräumen des Museums, was irgendwie Anstoß erregen konnte.

Becketts drei Besuche in der Nationalgalerie, deren drei Ebenen er gewissenhaft durchwandert, hinterlassen auffällig geringe Spuren im Tagebuch. Es sind jeweils nur einige Zeilen, in denen er die Nummern der Säle und ein paar Namen festhält, jedoch ohne jeden Kommentar. Eine Überraschung zeigt sich allerdings an diesem Tag im Erdgeschoss, wo er Werke des im Jahr zuvor verstorbenen Malers Max Liebermann fand, der nicht nur aufgrund seiner jüdischen Herkunft, sondern auch durch sein Beharren auf politischer und künstlerischer Freiheit bei den Nationalsozialisten in Ungnade gefallen war: »*So astonished at finding in room (8) 5 pictures by Liebermann* (Gänserupferinnen / Amsterdamer Waisenmädchen / Flachsspinnerinnen / Schusterwerkstatt / Landhaus in Hilversum, *but* not *the* Strauss *portrait*)«. Danach verlässt er das Museum. Der nächste Besuch, ein paar Tage später, ist für ihn schon »eine lästige Pflicht«. Es ist Montag, alle anderen Museen sind geschlossen, und doch drängt es ihn nach den vielen eher langweiligen Feiertagen, wieder Bilder zu sehen. Er verweilt bei Liebermann – »*esp. good the* Amsterdamer Waisenmädchen« (Abb. 23) – und bemüht sich sodann – vergeblich – in der ersten Etage, Hans von Marées' Dreiflügelbild *Das Parisurteil* (Abb. 24) zu verstehen. (Das Triptychon gehört zu den Kriegsverlusten, war lange Zeit verschollen und befindet sich heute im Puschkin-Museum für Bildende Künste in Moskau.[23]) Erst beim Anblick von Courbets *Die Welle* »kommt er wieder zu Kräften«, wie er schreibt, zieht aber insgesamt eine deprimierende Bilanz: »Was gibt es überhaupt Nennenswertes zwischen der hochrangigen Riege Mitte des 16. Jahrhunderts (Penez, Faber, Schäu-

→ Abb. 23, S. 72
→ Abb. 24, S. 72

felein, Bruyn, Baldung, die Cranachs, Corvus, Holbein & Amberger) und den Romantikern? Nicht viel. Elsheimer, der 1610 starb, kann kaum als Bindeglied angesehen werden. Rottenhammer, Sandrart, Dietrich, Brand, Zick, Angelika K., Deuner, die 3 Tischbeins, Chodowiecki, Mengs, Graff, von denen der jüngste, J. H. W. Tischbein, 1829 starb. Schreckliche zwei Jahrhunderte. Es reicht beinahe aus, um einem Wertschätzung für Runge abzugewinnen.«

Es ist hervorzuheben, dass die Werke von Caspar David Friedrich ihn hier offen-

Die Nationalgalerie, aufgenommen vom westlichen Säulengang, 1936

bar nicht sonderlich beeindruckten. *Zwei Männer, den Mond betrachtend*, das Bild, das angeblich Beckett bei der Niederschrift von *Warten auf Godot* vor Augen stand, als er Didi und Gogo »in den Mond gucken« ließ, sah er erst auf der Weiterreise in Dresden. Trotzdem prägten sich der Maler und sein Werk in sein Gedächtnis ein – und tauchten, wie so oft bei Beckett, unvermutet an einer Stelle in seinem eigenen Werk wieder auf. In dem Roman *Malone stirbt* von 1951 heißt es: »Es ist eine Nacht, wie sie Kaspar David Friedrich liebte, stürmisch und klar. Dass mir der Name wieder einfällt und die Vornamen. Die vom Wind zerrissenen Wolkenfetzen jagen über einen hellen Hintergrund. Wenn ich Geduld hätte, würde ich den Mond sehen. Aber ich werde keine Geduld haben. Jetzt, nachdem ich dies gesehen habe, höre ich den Wind. Ich schließe die Augen, und er wird eins mit meinem Atem. Wörter und Bilder wirbeln in meinem Kopf, quellen unerschöpflich hervor, jagen einander, gehen ineinander auf und zerreißen. Aber über diesem Tumult herrscht große Ruhe und Gleichmut. Nichts wird jemals wirklich darin eingreifen.«

AUF DER SUCHE NACH DER MODERNE: IM KRONPRINZENPALAIS

Die im Kronprinzenpalais untergebrachte Neue Abteilung der Nationalgalerie betrat Beckett vermutlich mit besonders großen Erwartungen, obwohl er vom Hamburger Bildhauer Hans Martin Ruwoldt wusste, dass die obere Abteilung »vorübergehend« geschlossen war. In Hamburg hatte er, dank der Vermittlung von Kunstfreunden und mit Hilfe einer Sondergenehmigung des irischen Konsulats, noch Zugang zu offiziell verbannten Kunstschätzen gefunden. Besonders hilfreich war ihm dabei die Kunsthistorikerin Rosa Schapire gewesen, »*a pleasant old lady with a Wohnung full of Schmidt-Rottluff, whom she holds to be genius of the century*«. Sie war in den Weihnachtswochen bei Schmidt-Rottluffs in Berlin zu Gast, hütete die Wohnung, nachdem das Ehepaar abgereist war, und lud Beckett zum Tee. Er folgte der Aufforderung gerne, war aber erleichtert, dem großen Maler nicht begegnen zu müssen. Auch Nolde und Heckel wich er aus, für die er Empfehlungen in der Tasche hatte. »Ich kann nicht länger nur *yessir* oder *nosir* sagen.«

Der Nachmittag in der Bamberger Straße »mit Heckels, Kirchners, miesen Kolbes und vom Meer glattpolierten Steinen, auf die Rottluff zarte Gesichter gemalt hat«, verlief nicht sehr harmonisch. Im Grunde stimmten er und Rosa Schapire in nichts überein, weder bei Giorgione, den sie für ein rein lyrisches Talent hielt und dessen Berliner Bild sie dem Braunschweiger Selbstbildnis bei weitem vorzog, noch, wie schon erwähnt, bei Brouwer. Allerdings war sie Beckett, so wie sie ihn in Hamburg mit Künstlern und Sammlern zusammen-

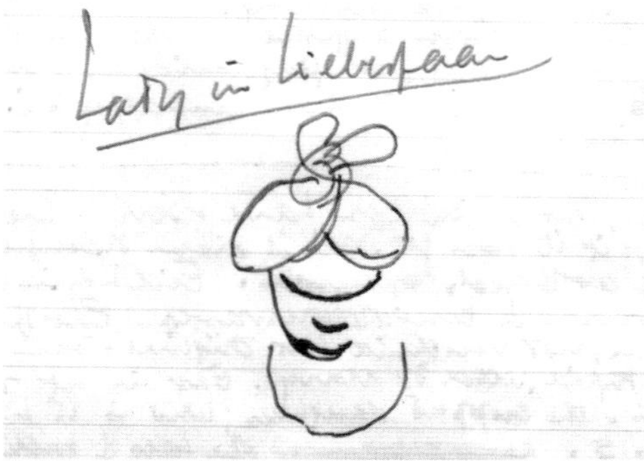

»Lady in Liebespaar«, Zeichnung in Becketts Tagebuch nach dem Gemälde von van Gogh

Vincent van Gogh, Liebespaar, 1888, Ausschnitt (Kriegsverlust/Eigentümer: Staatliche Museen zu Berlin – Preußischer Kulturbesitz, Nationalgalerie)

gebracht hatte, auch hier in Berlin behilflich: Sie versorgte ihn mit Adressen und guten Ratschlägen, vor allem was das Kronprinzenpalais betraf. Sie riet ihm, bei dem Direktor, Eberhard Hanfstaengl, vorstellig zu werden und ihm den Hamburger Pass des irischen Konsulats zu zeigen, auch wenn er eigentlich nur für Hamburg gültig war. »*Doing the dumm*«, war ihr Ratschlag. Doch er versuchte es vergeblich.

Im Kronprinzenpalais hatte man, seitdem im Jahre 1919 die neue Abteilung der Nationalgalerie in seinen Vorderräumen eröffnet worden war, die Maler der Moderne versammelt. Deren Auswahl war allerdings immer wieder heftig umstritten, erst recht seit 1933, als die Sammlung zunehmend zur Zielscheibe einer politisch motivierten Kritik wurde. Es kam zu immer neuen Umgruppierungen und Aussonderungen, in deren Folge eine Anzahl von Werken »kulturbolschewistischer Tendenz« bereits im Mai 1936 in der Heizung des ehemaligen Kronprinzenpalais verbrannt wurde. Nach dem Ende der Olympischen Spiele und dem Abbau der Ausstellung »Große Deutsche in Bildnissen ihrer Zeit« erfolgte eine Neueinrichtung auf allen Etagen; danach blieb das Obergeschoss endgültig geschlossen.

Das war die Situation im Dezember 1936, als Beckett versuchte, bis zur obersten Etage vorzudringen. »*Upstairs duly closed, bis auf weiteres.*« Er bekniete jeden Museumsaufseher, der ihm über den Weg lief: »*all more or less sympathetic. The best says: es tut mir leid.*« Immerhin sah er im Erdgeschoss außer einem Porträt von Giorgio de Chirico, einem Mädchenkopf von Amedeo Modigliani und zwei ausgezeichneten Porträts von Oskar Kokoschka einen ganzen Raum mit Werken von Edvard Munch, wunderbare Grafiken und einen Teil des Linde-Frieses *Umarmung* und *Einsamkeit*, »*last exquisite*«: eine Frau auf einem leeren Stein. Beide Bilder wurden am 30. Oktober 1937 beschlagnahmt, in die Köpenicker Straße 24 verbracht, als »international verwertbar« in Schloss Schönhausen in Verwahrung genommen und 1940 von Hermann Göring annektiert.[24]

Ähnlich erging es den Werken von Vincent van Gogh, die Beckett hier noch im Erdgeschoss sah, Zeichnungen und die Ölgemälde *Moulin de la galette*, *Liebespaar* (im Tagebuch markiert mit drei Kreuzchen), *Daubignys Garten* (heute im Museum of Art in Hiroshima) und *Mäher im Kornfeld*.

Zwei Tage vor seiner Abreise kehrt Beckett noch einmal ins Kronprinzenpalais zurück, zu De Chirico, Modigliani, Kokoschka und Feininger, vor allem aber zu den Van Goghs. Er notiert: »*Daubignys Garten* sieht prachtvoll aus, & das *Liebespaar* (Abb. 26), er in Blau, gelber Hut, Hand auf dem Herzen; sie in dunkelblauem Kleid & malvenfarbigem Mieder, wunderbar stilisierte Gesichtszüge; Mondsichel in schwachem Dämmerlicht & Zypressen).«

Ein ungewöhnlich ausführlicher Eintrag gilt Munch, dessen Name Beckett doppelt unterstreicht: »The *summer night* (= Verfolgung im Katalog? d. h. Fragment des Reinhardt-Frieses); *Einsamkeit* (= *Trauer* im Katalog, ebenfalls Fragment des Reinhardt-Frieses) [Abb. 25], *lovely*, Frau in Rot, vorgebeugt auf blauem Hocker, regenbogenfarbener Haufen links (anprallende Flut?) & blasse unbegrenzte reglose Leere des Meeres. Aber auch hier das Gefühl einer Überbetonung ins Sentimentale. Das Frühwerk *Musik in Oslo* (1889) nicht sehr interessant. Die Zeichnung *Krankes Mädchen* auch kaum mehr als hübsch. Woran liegt es, dass diese kompromisslosen Nordländer (Nolde & Hamsun ebenfalls) immer Gefahr laufen, alles zu kippen. Man findet es auch in der deutschen Gotik, mehr als in der englischen. Ein unverdauter Brocken von Naivität, bäuerisch grober Art, beinahe Debilität. Eine gelobte Debilität. Fast so, als ob ein ganzer Nervenbereich im Kopf sich nie entwickelt hätte, nicht nur ein blinder Fleck, sondern ein Kretinismus, der noch kultiviert und in die Aussage mit hineingezogen wird. Eine gewollte Kargheit, höflich ausgedrückt, denn oft ist es vielmehr unbewusste Trivialität, ein Kant'scher Gedanke unter einer Präfektenmütze.«

→ Abb. 25, S. 73
→ Abb. 26, S. 73

Die Bilderreihe, die später unter dem Namen »Reinhardt-Fries« berühmt wurde, hatte Edvard Munch 1906 für die neu erbauten Berliner Kammerspiele geschaffen. Der große Theatermann Max Reinhardt eröffnete das Haus mit einer Aufführung von Ibsens Drama *Gespenster*. Es gelang Reinhardt, Munch für die Ausmalung des Festsaals zu gewinnen. In seiner Schilderung ihrer Zusammenarbeit findet man Becketts Eindruck durchaus bestätigt. Reinhardt schreibt: »Munch hatte etwas vom Kinde und vom Wilden, eine fast animalische Primitivität. Und dann wieder diese ungeheuere Kompliziertheit, dieses Wissen um tiefe Geheimnisse.«[25]

In der oberen Etage, wo die deutschen »Modernen« – Georg Kolbe, Renée Sintenis, Käthe Kollwitz, Max Slevogt, Lovis Corinth – noch vorübergehend zu sehen waren, findet Beckett zu seinem Erstaunen in der Zeichnungssammlung Blätter von Emil Nolde, Lyonel Feininger, Paul Klee, Otto Dix, Ernst Barlach, Eduard Bargheer, Honoré Daumier, Vincent van Gogh, George Grosz, Karl Kluth, Oskar Kokoschka, Toulouse-Lautrec, Franz Marc, Otto Mueller, Erich Heckel, Max Pechstein, Radziwill, Auguste Rodin und Heinrich Zille – er zählt sie alle auf und wundert sich: »In dieser Form sind sie also kein Gift?« Er sieht auch eine Schmidt-Rottluff-Sammlung, dessen Entschlossenheit *to see big* ihn langsam irritiert: »Sein programmatischer Monumentalismus rechtfertigt nicht seine Vereinfachungen.« Anders fällt sein Urteil zu Kirchner aus, dessen Zeichnungen er noch einmal intensiv betrachtet. »Kirchner ist der reinere Künstler mit unglaublichem Strich & Geschmackssicherheit & Feingefühl für die Farbe. Wunderbarer Mädchenkopf.«

Ein erneuter Versuch, in die oberste Etage zu kommen, scheitert ebenfalls. *»Obergeschoss still closed. Jawohl.«*

AUSFLÜGE INS 3. JAHRTAUSEND V. CHR.: DAS TELL-HALAF-MUSEUM

Becketts Interesse galt zwar vornehmlich den Gemäldesammlungen, den vielen »tüchtigen Kunstwerken« – wie es bei Wilhelm von Bode heißt – aus den verschiedenen Epochen der europäischen Geistesgeschichte, doch er besuchte, neben der ägyptischen Sammlung im Neuen Museum, auch zweimal ein Museum, das etwas ganz anderes präsentierte: die Tausende von Jahren alte subaräische Kultur in Obermesopotamien, dem heutigen Nordsyrien, die erst Anfang des vorigen Jahrhunderts wieder an die Erdoberfläche gelangte. Ein Name, der damals Aufsehen erregte, heute aber nur noch Spezialisten etwas sagt, war Tell Halaf. So hieß die älteste Residenz des subaräischen Reiches. Max Freiherr von Oppenheim war bei seinen Ausgrabungsarbeiten im Vorderen Orient fast zufällig darauf gestoßen und hatte die Genehmigung erwirkt, einen Teil seiner Fundschätze nach Berlin zu bringen. Es waren im Wesentlichen Steinbilder riesigen Ausmaßes und von urwüchsiger Kraft aus dem dritten vorchristlichen Jahrtausend. Seit 1930 waren sie in einer ehemaligen Maschinenhalle in der Franklinstraße aufgestellt, und der Ruf dieses privaten Tell-Halaf-Museums war weit über Berlin hinausgedrungen. Beckett hatte in Hamburg durch den Maler Willem Grimm und den Bildhauer Hans Martin Ruwoldt, der gerade aus Berlin zurückgekommen war, davon gehört. Das Gespräch mit den beiden Künstlern, die von den alten Skulpturen im Tell-Halaf-Museum und in der Asiatischen Abteilung des Kaiser-Friedrich-Museums begeistert waren, veranlasste Beckett vermutlich, sich schon am zweiten Tag seines Berlin-Aufenthalts zur Franklinstraße auf den Weg zu machen. Der erste Eindruck war freilich enttäuschend: »Große Steinbrocken, monströse Tiere, Riesengötter und -göttinnen, Buntkeramik etc. ... alles irgendwie zusammengewürfelt in einer Maschinenhalle.« Bezeichnenderweise ließ er es allerdings nicht bei diesem einen Besuch bewenden, sondern kaufte vor Ort einen Führer und machte sich in den folgenden Tagen mit der subaräischen Kultur vertraut, der – neben der babylonischen

Führer durch das Tell-Halaf-Museum, 1934

Kalksteinplatte im Tell-Halaf-Museum, Abbildung aus dem Führer von 1934

und ägyptischen – dritten selbstständigen Kultur des alten Vorderen Orient.

Bei seinem zweiten Besuch, eine Woche später, war er besser vorbereitet und ging nun auch hier, wie in den anderen Museen, methodisch und gründlich zu Werke. In eisiger Kälte wanderte er aufmerksam durch das Reich der Riesengötter mit seinen furchterregenden Riesenlöwen, Riesengreifen und Riesenstieren. Er stand vor der verschleierten Sphinx, dem ältesten verschleierten Bild der Welt, bei dem die Gesichtszüge dennoch zum Ausdruck kommen, und betrachtete höchst interessiert die Darstellungen von der schrittweisen Entstehung der Sphinx, ausgehend vom Löwen, der erst Flügel und dann einen Frauenkopf erhält. Durch die subaräische Kultur kam die Sphinx zu den Ägyptern und den Griechen. Offensichtlich amüsiert nahm Beckett die Kalksteinplatte mit der großen Tierkapelle in Augenschein, nicht ohne auch hier ein spezielles Detail hervorzuheben: »alle tanzen, vorneweg der Esel mit schönem Penis, dem Laute spielenden Löwen entgegen.« Ebenso beeindruckte ihn der Riesensonnenvogel: »Gipsabdruck, Original im Vorderasiatischen Museum, Teleskopaugen wie beim Riesengreif, so dass auch der entfernteste Gläubige seiner hypnotischen Wirkung unterliegt. Er stand auf der Terrasse vor der Tempelfassade, höchst dämonisch, sinister und unerbittlich.«

Die große thronende Erdgöttin, neben der sich ihr Entdecker Max von Oppenheim ablichten ließ, scheint auch Beckett fasziniert zu haben. Er beschreibt sie kurz als »riesige kubische sitzende Göttin mit Schale für befruchtenden Regen von Seschup, dem Himmelsgott, der Dritte, Sohn der beiden, ist die Sonne. Lange Zöpfe und archaisches Lächeln«. Er wählte mit Bedacht unter den Bildkarten eine Darstellung von ihr aus und schickte sie an seinen Psychoanalytiker Dr. Bion in London, der ihn zwei Jahre lang behandelt hatte. Die Kälte vertrieb den Besucher schließlich aus dieser archaischen Welt.

Das Tell-Halaf-Museum wurde 1943 bei einem Luftangriff zerstört. Aus den Trümmern wurde eine erhebliche Menge an Fragmenten geborgen, sodass eine Rekonstruktion verschiedener Denkmäler nicht unmöglich scheint.

Ausstellungsstücke in der Ägyptischen Sammlung, 1938

DIE ÄGYPTISCHE SAMMLUNG IM NEUEN MUSEUM

Das Neue Museum am Lustgarten war zwischen 1843 und 1855 von dem »Architekten des Königs« Friedrich August Stüler auf der Museumsinsel als »Freistätte für Kunst und Wissenschaft«, wie der Monarch Friedrich Wilhelm IV. von Preußen es angeordnet hatte, erbaut worden. Man betrat es gewöhnlich durch den aus dem Alten Museum in das erste Stockwerk führenden Verbindungsgang über der Museumstraße, heute Bodestraße. Die ägyptische Sammlung, die damals im Sockelgeschoss des Neuen Museums untergebracht war, gehörte bis 1939 zu den weltweit größten Sammlungen ägyptischer Kunst, konnte

aber aus Raummangel nicht annähernd so gezeigt werden, wie es der Vielfalt und der Güte ihrer Exponate entsprochen hätte. Diesen Eindruck hatte auch Beckett, als er das Museum am 7. Januar 1937 besuchte: »*Higgledypiggledy presentation except in Armanahof.*« Er wanderte trotzdem höchst interessiert durch die Ausstellung und entdeckte Skulpturen und Reliefbilder von größter Schönheit, wie aus den Aufzeichnungen im Tagebuch hervorgeht. Anhand des Museumsführers von 1931, der auch Beckett bei seinen Eintragungen als Informationsquelle diente – das Wort »*Führer*« ist bedeutungsvoll unterstrichen – ist es möglich, seinen Weg durch die Säle, den Tempelhof und den Armanahof nachzuvollziehen.

In Saal II empfing ihn ein prächtiger Pavian aus Alabaster in hockender, wachsamer Haltung, das heilige Tier des Weisheitsgottes Thot (3000 v. Chr.), Beckett notiert »*Professor*«. Im selben Saal sind sehr schöne Flachreliefs mit lebensnahen Darstellungen von schreitenden Kriegern, Schiffen mit heimkehrenden Schiffern oder Vogelfängern mit Schlagnetz ausgestellt, die einst die Wände der Grabkammern schmückten. Auf den Grabplatten überraschen Beckett die Speisebilder: »Mann und Frau sitzen einander gegenüber an einem gedeckten Tisch, um ihre Ernährung zu gewährleisten, falls in der Realität nicht mehr genügend Speiseopfer gebracht werden!« Auffallend sind die Gesten der einzelnen Figuren, sei es auf den Speisebildern oder bei der Sitzstatue des Metjen, der einen Arm mit geballter Faust vor die Brust hält. Beckett hebt voller Bewunderung den herrlichen gesprenkelten rosa Granit hervor, aus dem die Skulpturen geschaffen sind. Sie waren jedoch nicht dazu da, um bewundert zu werden, wie Beckett notiert, sondern sie standen in den Gräbern und hatten die Aufgabe, den Geist des Verstorbenen, den sie darstellten, aufzunehmen und zu bewahren, ebenso wie der Körper durch Einbalsamierung erhalten wurde, um möglicherweise in Zukunft als Wohnstätte zu dienen.

Bei der Gestaltung des Tempelhofs hatte man versucht, einen der kleineren ägyptischen Tempel des Neuen Reiches nachzubilden. Trat man von vorn in den Säulenhof, fiel der Blick auf die in der Mitte aufgestellte Sphinx und die beiden Statuenkolosse im Hintergrund, die auch Beckett erwähnt. Die Sphinx mit dem Kopf der Königin Hatschepsut (1485 v.Chr.), die nicht nur Königsgemahlin, sondern auch selbständige Herrscherin war, trägt als Abzeichen der Königswürde den Königsbart – »*she sports the kingly beard!*« –, was Beckett notiert und ebenso mit einem Ausrufezeichen versieht wie den Satz aus dem Katalog: »Ihr Kopf kam vor hundert Jahren nach Berlin, ihr Rumpf erst vor kurzer Zeit!« Die beiden *Kolossi* von etwa 1900 v. Chr. verkörpern die beiden Könige Sesostris I. und II. Eine neue Bildform, die zu Beginn des Mittleren Reichs (2100–1700 v. Chr.) aufkam, war der Würfelhocker; Beckett weist besonders auf die Statue von Senmut hin, dem Günstling der Königin Hatschepsut und Erzieher ihrer Tochter, die er schützend zwischen seinen Knien hält. Diese fest geschlossene Form wurde für längere Zeit beibehalten, da die großen Flächen des Würfels zur Anbringung längerer Schriften besonders geeignet waren.

Raum VII (Neues Reich) ist »*a desperate curiosity shop*«, ein heilloses Durcheinander wie in einem Raritätenladen, es ist kein ausreichendes Licht vorhanden, und alles wirkt zusammengepfercht. Beckett entdeckt aber auch hier ein besonders schönes Trauerrelief an Wand 7, bei dem ihm die vielfältigen ausdrucksvollen Gebärden, vor allem bei der trauernden Witwe, imponieren. Auch die Totenfiguren aus blauer Fayence (*Uschebtis*) mit gefalte-

Statue eines Pavians, um 3100 v. Chr., Kalzitalabaster, Höhe 52 cm (Staatliche Museen zu Berlin – Preußischer Kulturbesitz, Ägyptisches Museum und Papyrussammlung / 22607)

Mitte: »Mann und Frau an einem gedeckten Tisch«, Zeichnung in Becketts Tagebuch

Linke Seite: In der ägyptischen Abteilung im Neuen Museum, um 1938

Der Lehrer Senmut mit der Kronprinzessin Nefru-Re, um 1475 v. Chr., Granit, Höhe 140 cm (Staatliche Museen zu Berlin – Preußischer Kulturbesitz, Ägyptisches Museum und Papyrussammlung / 2296)

ten Armen und Inschriften fallen Beckett auf. Sie wurden mit dem Toten begraben und sollten allerlei Arbeiten für ihn im *»JENSEITS«* versehen. Hier ist es kein Ausrufezeichen, sondern die Großschreibung, die darauf hindeutet, dass er die Jenseits-Vorstellungen der alten Ägypter zumindest bemerkenswert fand.

Aus der Zeit um 600 v. Chr. stammt der Kopf eines Priesters, der berühmte »grüne Kopf«, realistisch, mit kahl rasiertem Schädel, gerunzelter Stirn und lädierter Nase – *»nose in marmalade«*, vermerkt Beckett. Besondere Erwähnung finden auch die *Seelenvögel*, Vögel mit Menschenkopf, die die Seele des Verstorbenen verkörpern.

Im Armanahof waren hauptsächlich die Funde zu sehen, die die Deutsche Orientgesellschaft in der Zeit von 1907 bis 1914 in der königlichen Residenz des Amenophis IV. (Echnatôn) in Armana zutage gefördert hatte. Die Stadt wurde unter dem Herrscher zu einer Kultstätte für den Sonnengott, in der Armana-Zeit *Atôn* genannt, sodass auch der König seinen Namen in Echnatôn – »dem Atôn wohlgefällig« – umwandelte. Der hier aufgestellte falkenköpfige Sonnengott weckt bei Beckett die Erinnerung an den Riesensonnenvogel im Tell-Halaf-Museum. Im Armanahof stehen acht Statuen der löwenköpfigen Göttin Sachmet, gekrönt mit der Sonnenscheibe und in der Hand das Emblem des Lebens, ein Henkelkreuz, das Beckett im Tagebuch nachzeichnete. Bewundernd betrachtete er auch das berühmte Köpfchen der Königin Teje aus Eibenholz und Edelmetall.

Die wichtigste Künstlerpersönlichkeit jener Periode war Thumosis, der anscheinend alles, was er anpackte, unvollendet ließ. Von seiner Hand stammt auch die berühmte Büste der Königin Nofretete, eines der reizvollsten Werke der ägyptischen Kunst. Trotz ihrer sorgfältigen Ausführung stellt auch diese Büste nur ein Modell eines Bildhauers dar. Der rechte Augapfel ist aus Bergkristall gebildet, das linke Auge ist nie eingesetzt gewesen. Schöner fand Beckett *»a very piano relief«* derselben Dame sowie das Relief einer Prinzessin in Granit. Zum Abschluss wirft er noch einen Blick auf den Obelisken von Ramses II. mit den die Sonne anbetenden Pavianen, die, wie Beckett vermutet, vielleicht als Stütze des Obelisken notwendig waren.

Bevor er das Neue Museum verlässt, kauft er drei Ansichtskarten, den »Grünen Kopf«, den Alabasterpavian und eine Abbildung der Sitzstatue des Chertihotep, eines Beamten aus der Zeit von Sesostris III. Die Affenstatue des »Großen Weisen« schickt er an seinen Verleger, vielleicht in der Hoffnung, er möge weise genug sein, *Murphy* in sein Verlagsprogramm aufzunehmen. Vielleicht dachte er auch dabei an den Leitspruch der Dantefigur Belacqua, die Beckett als sein *alter* ego durch sein Frühwerk begleitet: *sedendo et quiescendo anima efficitur prudens* – »sitzend und ruhend wird die Seele weiser«[26].

1 Berlin und Umgebung. Grieben Reiseführer Band 6, Berlin 1936, S. 167
2 Beckett an Thomas MacGreevy, Brief von 1932 [Datum nicht zu entziffern] aus Cooldrinagh, Foxrock
3 Beckett an Thomas MacGreevy, Brief vom 21. 11. 1932 aus Cooldrinagh, Foxrock
4 Beckett an Thomas MacGreevy, Brief vom 14. 2. 1935 aus London
5 Gemäldegalerie Berlin, München – London – New York 2002 (2., überarbeitete Auflage), S. 140 f.
6 Beckett an Thomas MacGreevy, Brief vom 18. 1. 1937 aus Berlin
7 Beckett an Thomas MacGreevy, Brief vom 8. 2. 1935 aus London
8 Beschreibendes Verzeichnis der Gemälde im Kaiser-Friedrich-Museum und Deutschem Museum, 9. Auflage, Berlin 1931, S. 218, Nr. 58C
9 Ludwig Justi: Werden – Wirken – Wissen. Lebenserinnerungen aus fünf Jahrzehnten, Berlin o. J., Band 1, S. 512
10 Wilhelm von Bode: Mein Leben, Berlin 1997, Band I, S. 309
11 Beckett an Thomas MacGreevy, Brief vom 18. 1. 1937 aus Berlin
12 Wilhelm von Bode: Mein Leben, Band I, S. 176
13 Wilhelm von Bode: Adriaen Brouwer. Sein Leben und seine Werke, Berlin 1924, S. 46
14 Konrad Renger: Adriaen Brouwer und das niederländische Bauerngenre 1600-1660 (Katalog zur Studio-Ausstellung 8 in den Bayerischen Staatsgemäldesammlungen, München, Alte Pinakothek, vom 25.4.–29.6.1986) München 1986, S. 43
15 Wilhelm von Bode: Adriaen Brouwer, a.a.O., S. 46
16 Beckett an Thomas MacGreevy, Brief vom 18. 1. 1937 aus Berlin
17 Beckett an Thomas MacGreevy, Brief von 1932 [genaues Datum unlesbar] aus Cooldrinagh, Foxrock
18 Beckett an Thomas MacGreevy, Brief vom 20. 2. 1935 aus London
19 Brief vom 14. Januar 1611 aus Antwerpen, zitiert nach: Christian Lenz: Adam Elsheimer. Die Gemälde des Städel. Städelsches Kunstinstitut und Städtische Galerie. Hg. von Klaus Gallwitz. Frankfurt a. M. 1977, S. 69
20 Wilhelm von Bode, Mein Leben, Band I, S. 245
21 Heinrich Wölfflin: Die Kunst des Albrecht Dürer, München 1920 (4. Auflage), S. 149
22 Beckett an Thomas MacGreevy, Brief vom 9. 1. 1936 aus Cooldrinagh, Foxrock
23 Vgl. Kulturschätze – verlagert und vermisst: eine Bestandsaufnahme der Stiftung Preußischer Kulturbesitz 60 Jahre nach Kriegsende. Hg. von Klaus-Dieter Lehmann und Günther Schauerte. Unter Mitarbeit von Uta Barbara Ullrich, Berlin 2004, S. 69
24 Vgl. Kunst in Deutschland 1905–1937. Die verlorene Sammlung der Nationalgalerie im ehemaligen Kronprinzen-Palais, Bilderhefte der Staatlichen Museen zu Berlin, Heft 70/72, 1992, ausgewählt und zusammengestellt von Annegret Janda und Jörn Grabowski, S. 171
25 Matthias Arnold: Edvard Munch. Rowohlt Bildmonographie, Reinbek bei Hamburg, 1986, S. 84 ff.
26 Dante: Göttliche Komödie, Das Fegefeuer, 4. Gesang, Vers 121 ff.

JONASS & CO

WEIHNACHTSZEIT UND JAHRESWECHSEL 1936/37

Samuel Beckett war in der Adventszeit nach Berlin gekommen und erlebte die Weihnachtsfeiertage und den Jahreswechsel 1936/37 in der Reichshauptstadt. Vieles von dem, was den Alltag der Menschen in dieser Zeit bestimmte, hat er aufmerksam beobachtet und notiert, zum Teil auch kommentiert. Selbst Details wie die vor allem im Berliner Raum verbreiteten Bezeichnungen Kupferner, Silberner und Goldener Sonntag für die Sonntage vor dem Heiligen Abend nahm er interessiert zur Kenntnis und verwendete sie bei seinen Einträgen ins Tagebuch.

Große Menschenansammlungen mied er allerdings. Als er am Silbernen Sonntag, seinem ersten Sonntag in Berlin (13. Dezember 1936), nach mehreren Stunden im eiskalten Tell-Halaf-Museum von der U-Bahn-Haltestelle Knie (heute Ernst-Reuter-Platz) zum Alexanderplatz fuhr, war ihm der weitere Weg von dort aus versperrt. In der Königsstraße war offenbar alles auf den Beinen und strebte zum Weihnachtsmarkt im Lustgarten. Beckett verspürte wenig Lust, sich durch die bunte Budenstadt schieben zu lassen, wich lieber auf dunkle Nebenstraßen aus und erreichte schließlich missgestimmt sein Hotel in der tristen Invalidenstraße: *»Back. Bed. Foutu.«*

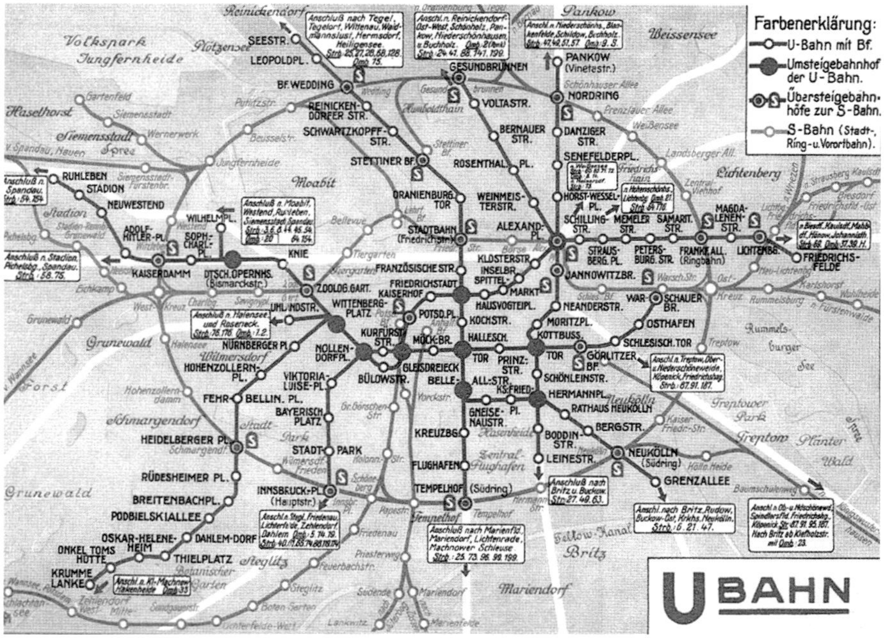

Berliner U-Bahnnetz von 1934

Die Nationalsozialisten wussten die vorweihnachtliche Freigebigkeit der Bevölkerung für ihre Zwecke zu nutzen. In der folgenden Woche, drei Tage vor dem Goldenen Sonntag, begann die »Sammelschlacht« der Hitler-Jugend für das Winterhilfswerk (WHW), das Reichspropagandaminister Joseph Goebbels am 6. Oktober, kurz nach Becketts Ankunft in Hamburg, per Rundfunkansprache für das Jahr 1936 eröffnet hatte. Beckett hörte die Übertragung im Deutschlandhaus und notierte

Linke Seite: Alexanderplatz, um 1936

Prinz August-Wilhelm von Preußen bei einer Sammelaktion für das Winterhilfswerk, Dezember 1936

schon auf den ersten Seiten seines Hamburger Tagebuchs: »In Berlin ist der Teufel los. Der Kampf muss bald losgehen (oder sie platzen).«

Der Ton, der damals in den Zeitungen zur Propagierung der Weihnachtsaktionen angeschlagen wurde, war in der Tat martialisch: »Ansturm auf Märchenkinder«, »Die HJ-Schlacht der Hilfe in vollem Gange«, »Feldzug gegen Winternot und Kälte«, »Großangriff auf Wunschzettel« – so lauteten die Schlagzeilen. Und der ständig wiederholte Appell »Wer sein Volk liebt, beweist es einzig durch Opfer« wies ebenfalls unübersehbar auf die nur wenige Jahre später folgenden Kriegsereignisse voraus.

In Berlin entgeht kaum jemand dem Geklapper der Sammelbüchsen, und auch Beckett bleibt nicht davon verschont. Auf dem Alexanderplatz wird er »verfolgt von der verflixten HJ mit ihrem WHW-Geklapper«. Beckett parodiert hier wie auch an anderen Stellen den Kürzelwahn bei den Staats- und Parteiorganisationen. »*KDF = Kraft durch Freude, nicht Kaspar David Friedrich*«, notiert er an einer Stelle, das Kürzel SS verwendete er nicht etwa für »Saalschutz« oder »Schutzstaffel«, sondern für die Stadtschenke, sein Stammlokal in Hamburg.

Den Goldenen Sonntag verbringt er angenehmer als den Silbernen. Er wohnt seit ein paar Tagen in der Pension unweit vom Zoo und hat die Stadt auf langen Rundgängen besser kennen gelernt. Er war mehrmals auf der Museumsinsel, wohin es ihn auch an diesem Sonntagvormittag zieht. Nachdem er sich mit zwei Dutzend Postkarten für seine Weihnachtskorrespondenz eingedeckt hat, geht er zum Lunch ins Linden-Restaurant, wo Kerzen auf den Tischen eine weihnachtliche Stimmung verbreiten, das Mittagsmenu – *»foul Sülze«* – jedoch gar nicht dazu passen will. Die Stimmung wird besser, als er ins Freie tritt und seinen Blick zum Himmel richtet, der sich wunderbar über der Stadt wölbt und noch einmal im vollen Licht erglüht, bis die Sonne plötzlich untergegangen ist. Doch bevor es ganz dunkel wird, ist er schon am Skagerrakplatz (dem heutigen Kemperplatz), wo ihn das bekannte Café Moka-Efti mit dem Strauß-Walzer *An der schönen blauen Donau*, gespielt von einer durchgehend weiblich besetzten Schwarzwaldkapelle, empfängt.

Nach einem kurzen Stopp kehrt er in die Pension zurück, ist aber eine halbe Stunde später schon wieder auf dem Weg nach Friedenau. Dort wohnt ein Dr. med. Hans Seel, der in der Baumeisterstraße 1 seine Praxis hatte und gleichzeitig als Dozent für klinische Pharmakologie an der Hamburger Universität tätig war. Es ist anzunehmen, dass Beckett ihm schon in Hamburg begegnet war. »Denke mit Schrecken an die furchtbare Gestalt«, schreibt er, was nicht gerade auf große Sympathie schließen lässt oder zumindest auf Umstände, die ihm in unangenehmer Erinnerung geblieben sind. Das Ehepaar Seel empfängt ihn allerdings auf das freundlichste und traktiert ihn mit selbst gebrautem Magerbitter und anderen Köstlichkeiten sowie drei Zigarren. Bald stellt sich heraus, dass es zwar »nette Leute, aber überzeugte Nazis« sind: Der Doktor »spult die ganze Heilslehre herunter, wie sie fürs In- und fürs Ausland ersonnen wurde«, was den Gast nach kurzer Zeit aus dem Haus treibt. Trotz vager Verabredungen kommt es zu keiner weiteren Begegnung.

TRÜBE TAGE

Heiligabend fällt in jenem Jahr auf einen Donnerstag. Das bedeutet, dass Beckett *drei* Feiertage bevorstehen. Er kennt niemanden in der Stadt und will, obwohl er sich »oft einsam fühlt«, auch niemanden kennen lernen, wie er am 22. Dezember an MacGreevy schreibt. »Gedenke Weihnachten allein mit einer Flasche Wein und dem Kaiser-Friedrich-Katalog zu verbringen, voll unbezahlbarer Zitate von Bode.« Der nächste Satz im Brief belegt das ausgeprägte Kunstinteresse der beiden Freunde. Beckett fragt: »Kennst Du Friedländer's *Niederländische Malerei* oder Dehio's kolossales Werk?« Der Kunsthistoriker Max Jakob Friedländer (1867–1958) hatte sich neben Bode entscheidend für den Ausbau der Berliner Sammlungen eingesetzt. In den Jahren 1924 bis 1937 veröffentlichte er die monumentale Reihe *Die altniederländische Malerei* in 14 Bänden. Georg Dehio (1850–1932), ebenfalls Kunsthistoriker, widmete sich vor allem der Erforschung und Beschreibung der deutschen Kunst. Sein mehrbändiges *Handbuch der deutschen Kunstdenkmäler* ist ein grundlegender, systematisch aufgebauter Kunstführer durch ganz Deutschland.

Der Morgen des 24. Dezember entreißt Beckett den Stoßseufzer: *»Christ what a day!«* Es ist eiskalt draußen, dennoch rafft er sich auf und geht ins Freie. Er hatte sich fürwahr nicht die schönste Jahreszeit für seine Deutschlandreise ausgesucht. Schon in Hamburg war der Winter verfrüht hereingebrochen: »Das Wetter ist grässlich. Ein bleiernes Gelb den ganzen Tag, und schon fallen die ersten Schneeflocken. In Berlin wird es noch kälter sein,

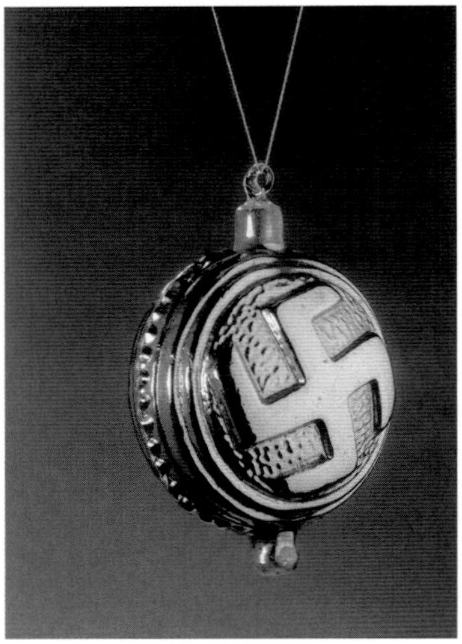

Glaskugel mit Hakenkreuz, in Anlehnung an die altgermanische Feier der Wintersonnenwende als »Julschmuck« bezeichnet, dreißiger Jahre

Rechte Seite: Kreuzung Unter den Linden/Friedrichstraße, rechts das Viktoria Café, 1937

aber heller«[2], schrieb er Ende November an MacGreevy. Die Vorhersage für Berlin erwies sich als richtig. Trotz der bitteren Kälte unternimmt Beckett lange Fußmärsche, so auch an diesem Tag in Richtung Charlottenburger Schloss. Der Ausflug dient aber wohl eher dazu, sich Bewegung zu verschaffen, denn zu Besichtigungen fehlt ihm offenbar jegliche Lust: *»Don't visit the Watteau, nor the Golden Gallery, nor the Mausoleum.«* Laut *Grieben* hingen im Konzertzimmer hinter der Goldenen Galerie des Charlottenburger Schlosses acht bedeutende Gemälde von Jean-Antoine Watteau, darunter *Aufbruch nach Kythera*. Mit dem Mausoleum ist der im Schlosspark gelegene Grabtempel der Königin Luise gemeint.

Beckett zieht es vor, im Freien zu bleiben, und geht weiter bis zum Lietzenpark und Lietzensee, wo er amüsiert den Schwänen zuschaut, die übers Eis schliddern. Er schlendert am Funkturm vorbei, fährt aber nicht hinauf und schenkt auch den riesigen neuen Ausstellungshallen keinerlei Beachtung.

Als er in seine Pension zurückkehrt, sind *»preparations for Bescherung in Salon«* in vollem Gange. Der Pensionswirt Kempt bringt ihm einen Teller mit Nüssen und Gebäck. Beckett ist seit den Besuchen bei seinen Verwandten in Kassel durchaus empfänglich für deutsche Weihnachtsgemütlichkeit. So schrieb er am 21. November 1932 aus Dublin an MacGreevy, der damals noch in Paris lebte: *»Always when it's coming up to Xmas I get the German fever, for the Tannenbäumchen and Bierreisen through the snow.«*[3] Sinclairs, die damals noch in Kassel waren, drängten ihn zu kommen, obwohl sie durch finanzielle und gesundheitliche Probleme schwer belastet waren. Beckett wünschte sich nichts sehnlicher, als noch einmal »die roten Kirchtürme im Dämmerlicht« wiederzusehen, kommt aber zu dem Schluss, dass er *»the Brothers Grimm's machinery«*[4] (Kassel war zeitweise Wohnsitz der Brüder Grimm) bald leid sein würde. Aber es waren *»glückliche Tage«*. Jetzt, allein in Berlin, kann er den Gedanken an die bald einsetzende Fröhlichkeit allerorten kaum ertragen.

Die in der Berliner Tagespresse veröffentlichten behördlichen Verordnungen für die Feiertage sorgen dafür, dass »Handel und Wandel auf das Notwendigste beschränkt werden, damit allen Volksgenossen eine Ruhepause in der täglichen Hast der Arbeit gewährt werden kann. Im Gaststättengewerbe haben die verheirateten Gefolgschaftsmitglieder ab 5 Uhr und die unverheirateten ab 7 Uhr nachmittags den Betrieb zu verlassen«. Als Beckett gegen 7 Uhr auf die Straße tritt, haben alle Restaurants geschlossen, auch die Lokale am Potsdamer Platz. Nur das Viktoria Café Ecke Unter den Linden/Friedrichstraße hat geöffnet. Dort sitzt er trübsinnig bis Mitternacht bei Bier, traurig über den nutzlosen, glanzlosen, entwürdigenden Tag – vier Worte, mit denen alles gesagt ist: *»Fruitless dingy degrading day.«*

Am Morgen des ersten Feiertages sucht Beckett wieder Befreiung von seinen inneren Nöten in der Natur. Er macht sich auf in den Grunewald, wo er zwischen Pechsee und Barsee, »einem großen, grünen, still versunkenen Teich«, quer durchs Gelände wandert. Er sieht einen Vogel mit gelber Brust, eine Art Specht, und geht ihm nach, dieser entzieht sich in geradezu spielerischer Weise, indem er immer auf den nächsten Baum fliegt, wenn sein Verfolger sich nähert. Doch bald überkommen Beckett wieder wehmütige Gedanken, vor allem an Weihnachtsspaziergänge mit dem Vater daheim in den Wicklow Mountains, an die Krapp, die Hauptfigur des Einakters *Das letzte Band,* sich erinnert: »... Sei wieder in der Talschlucht am Heiligen Abend, um Stechpalmen zu suchen, mit den roten Beeren ...« Etwas unterhalb des Kaiser-Wilhelm-Turms gelangt Beckett ans Ufer der Havel. Von dort läuft er zum Großen Fenster, vorbei an der Halbinsel Schwanenwerder, dann zum Beelitzhof und nach einer kurzen Pause weiter im sinkenden Licht am Schlachtensee entlang bis zur Alten Fischerhütte. »Besser konnte ich den Weihnachtstag unter den vorherrschenden Umständen nicht verbringen«, notiert er am Ende des Tages.

Am zweiten Weihnachtstag entschließt sich Beckett zu einem zweiten Besuch des Pergamonmuseums. Diesmal wird er sich genauer umsehen, allerdings ohne rechte Begeisterung. Für den weltberühmten Pergamonaltar hat er nur abfällige Worte

Blick von der Burgstraße auf die Nationalgalerie, das Pergamonmuseum und das Kaiser-Friedrich-Museum (von links nach rechts), 1937

Der Hahnenschrei, indische Miniatur aus der Moghulzeit, Anfang 18. Jh. (Staatliche Museen zu Berlin – Preußischer Kulturbesitz, Kunstbibliothek)

übrig: »Altar ein scheußliches Machwerk«. Die auf dem Fries dargestellte Gigantomachie, den Kampf der Giganten gegen die griechischen Götter, bezeichnet er immerhin als »ein interessantes barockhaftes Getümmel« – mit dem Zusatz: »insbesondere die Lücken«. Diese kurze Bemerkung mag ironisch gemeint sein, sie könnte aber auch auf ein grundlegendes künstlerisches Prinzip hindeuten: Man denke etwa an die wichtige Funktion der Pausen in Becketts Werk, die unter anderem der Imagination Freiraum lassen.

Er notiert Daten über Entstehung und Ausgrabung des Altars sowie sachliche Details zur Anordnung der ionischen, dorischen und hellenistischen Ausgrabungsstücke in den umliegenden Räumen. Diese nüchternen Einträge werden, wie an vielen anderen Stellen auch, von Bemerkungen unterbrochen, die isolierte, mitunter auch kuriose Wahrnehmungen festhalten. In diesem Fall sind es die Füße der Besucher auf den Altarstufen, die ihm auffallen: »Fasziniert von den monströs wirkenden hinauf- und herabsteigenden Füßen, vor allem älterer Frauen auf schwerfälligen Beinen«. Wie wäre es mit einem Gedicht *»Fallen arches on the Altar of Pergamon«* (»Eingestürzte Gewölbe auf den Stufen des Pergamonaltars«), fragt er sich in einem Anflug von Sarkasmus.

Weder das repräsentative, reich geschmückte Markttor von Milet vom Beginn des 2. Jahrhunderts v. Chr. noch die *»Baalbeck fragments«* entlocken Beckett Worte der Begeisterung. Die Mschatta-Fassade eines transjordanischen Wüstenschlosses mit ihrem prachtvollen Zickzack- und Rosettendekor ist zwar beeindruckend, aber erst die indischen Miniaturen aus der Moghulzeit rühren ihn an: »Ich bewundere vor allem den Hahnenschrei (das indische *alba*, der Liebhaber erschießt den Hahn!), badende Elefanten, Vishnu, den blaugesichtigen vierarmigen Gott mit seiner Gemahlin Lakshmi, die auf den Wundervogel Garuda starren, und den kämpfenden schönen Galeon in voller Größe, und die wunderbare Psychologie von panischen Farben bei dem Luchs, der zu dem Regenbogen-Schaf hinaufkriecht, und die scheißende Gazelle und die Landschaften, wenn am wenigsten europäisiert. Erstklassige Malerei & Komposition, taktvoll und rein, ohne die japanische Preziosität oder falsche Naivität.« Alba ist die Morgendämmerung, die verliebte Paare fürchten, da sie sich trennen müssen, wenn es tagt. Beckett hatte selbst ein Gedicht mit dem Titel *Alba* nach einer provencalischen Vorlage verfasst.[5] Eine der drei »mehr oder minder schönen Frauen« in Becketts Erstlingsroman trägt den Namen Alba.

Er kauft den Katalog mit den indischen Miniaturen, nimmt ihn am Abend mit ins Romanische Café und studiert mit großem Gefallen die Abbildungen. Rembrandt, so entnimmt er dem Katalog, *»schwärmt for them also, collected & copied them«.*

»27/12/1936. Dritter Feiertag, G.s.D.« So beginnt der Eintrag Becketts für diesen Tag. Das Kürzel G. s. D. gibt in denkbar knapper Form seine Stimmung wieder, es steht für: »Gott sei Dank«. Was kann man tun an diesem Sonntag? Er beschließt, zur Neuen Wache zu gehen, einem von Karl Friedrich Schinkel 1816 bis 1818 errichteten Bau, der von Heinrich Tessenow 1931 zum Ehrenmal für die Gefallenen des Ersten Weltkrieges umgestaltet wurde. Dort wartet Beckett »wie ein Narr« in der Kälte inmitten der Menge auf die Wachablösung, die täglich gegen 12.30 erfolgte. Plötzlich ist es soweit: »guter Paradeschritt, die Füße stapfen auf die Erde, der Anführer springt hoch, beide Füße sekundenlang in der Luft«, notiert er.

Danach wandert Beckett lustlos weiter zum Alten Museum. Zwar listet er in gewohnter Manier auf, welche Figuren er im Erdgeschoss gesehen hat – er hegt aber sogleich die Befürchtung, dass ihm von diesen Skulpturen nur eine schwache Erinnerung bleiben wird.

Wachablösung am Ehrenmal (Neue Wache) Unter den Linden, um 1936

Auf dem Weg zu einer Franziskaner Imbissstube überquert er den Lustgarten, der inzwischen vom Weihnachtsmarkt freigeräumt ist, und stellt erstaunt fest, dass der Platz sich nach Süden hin gar nicht so weit ausdehnt, wie er erwartet hatte. Er begnügt sich auch an diesem Sonntag mit einem Grünkohlessen, blättert dabei in den ausliegenden Zeitungen und amüsiert sich über zwei Anekdoten in der *Morgenpost*, die er auch stichwortartig notiert. Die erste Anekdote lautet in der Beckett'schen Verkürzung: *»Brahms autographing under Strauss's bar of An der schönen blauen Donau not a bar from a symphony but ›Leider nicht von mir‹.«* Die zweite Anekdote: *»Ninon de Lenclos, writing to Comte de Ségur to break because of her engagement to an Italian Count,*

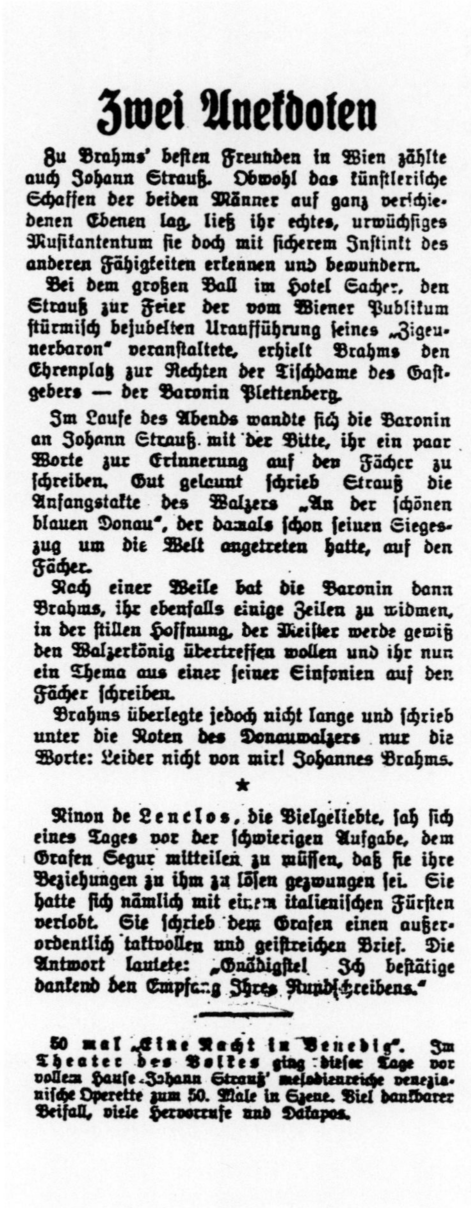

Zwei Anekdoten

Zu Brahms' besten Freunden in Wien zählte auch Johann Strauß. Obwohl das künstlerische Schaffen der beiden Männer auf ganz verschiedenen Ebenen lag, ließ ihr echtes, urwüchsiges Musikantentum sie doch mit sicherem Instinkt des anderen Fähigkeiten erkennen und bewundern.

Bei dem großen Ball im Hotel Sacher, den Strauß zur Feier der vom Wiener Publikum stürmisch bejubelten Uraufführung seines „Zigeunerbaron" veranstaltete, erhielt Brahms den Ehrenplatz zur Rechten der Tischdame des Gastgebers — der Baronin Plettenberg.

Im Laufe des Abends wandte sich die Baronin an Johann Strauß mit der Bitte, ihr ein paar Worte zur Erinnerung auf den Fächer zu schreiben. Gut gelaunt schrieb Strauß die Anfangstakte des Walzers „An der schönen blauen Donau", der damals schon seinen Siegeszug um die Welt angetreten hatte, auf den Fächer.

Nach einer Weile bat die Baronin dann Brahms, ihr ebenfalls einige Zeilen zu widmen, in der stillen Hoffnung, der Meister werde gewiß den Walzerkönig übertreffen wollen und ihr nun ein Thema aus einer seiner Sinfonien auf den Fächer schreiben.

Brahms überlegte jedoch nicht lange und schrieb unter die Noten des Donauwalzers nur die Worte: Leider nicht von mir! Johannes Brahms.

*

Ninon de Lenclos, die Vielgeliebte, sah sich eines Tages vor der schwierigen Aufgabe, dem Grafen Segur mitteilen zu müssen, daß sie ihre Beziehungen zu ihm zu lösen gezwungen sei. Sie hatte sich nämlich mit einem italienischen Fürsten verlobt. Sie schrieb dem Grafen einen außerordentlich taktvollen und geistreichen Brief. Die Antwort lautete: „Gnädigste! Ich bestätige dankend den Empfang Ihres Rundschreibens."

---

50 mal „Eine Nacht in Venedig". Im Theater des Volkes ging dieser Tage vor vollem Hause Johann Strauß' melodienreiche venezianische Operette zum 50. Male in Szene. Viel dankbarer Beifall, viele Hervorrufe und Dakapos.

Ausschnitt aus der Berliner Morgenpost vom 27. Dezember 1936

receives in reply: ›Gnädigste! Ich bestätige dankend den Empfang Ihres Rundschreibens.‹«

Auf derselben Seite, direkt neben den *Zwei Anekdoten*, findet sich ein Artikel mit der wiederum an Fontane erinnernden Überschrift »Irrungen, Wirrungen – Unsere Redensarten – ein weites Feld«. Beckett muss auch diesen Artikel gelesen haben, denn er notiert daraus die oft zitierte Fehlleistung eines Parlamentariers, der seine Rede mit den Worten begann: »Unvorbereitet, wie ich mich habe …«

Für Sprachverwirrungen sorgten vermutlich in den folgenden Wochen die Sprachverirrungen, die durch neue Verordnungen zur »Eindeutschung« hervorgerufen wurden wie etwa beim Fernsprechbuch, denn es sei, wie es in einem Zeitungsbeitrag heißt, »nur recht und billig, dass man an Stelle eines verstaubten Vokabulars in einem deutschen Fernsprechbuch gute deutsche Worte findet«. Beckett sollte im Neuen Jahr seine Mahlzeiten nicht mehr in Bier*lokalen* einnehmen, sondern in Bier*stuben*, Gaststätten oder Schenkwirtschaften, und nicht mehr ins Café, sondern nur noch in Kaffeehäuser oder Kaffeestuben gehen. Und sein Domizil in Berlin war demnach nicht mehr die *Pension,* sondern das *Fremdenheim* Kempt.

Selbst die Frage, wie die Speisen in Wirtschaften serviert werden sollten, wurde der bürokratischen Regelungswut unterworfen. Der Leiter der Wirtschaftsgruppe empfiehlt laut einer Zeitungsmeldung seinen Mitgliedern »in einer bindenden An-

Anzeige des Linden-Restaurants, um 1936

weisung, dort, wo Marmortische und blank gescheuerte Holztische zur Verfügung stehen, in Zukunft die Tischtücher ruhig wieder wegzulassen [...]. Die Behaglichkeit der Gaststätte gewönne hierdurch nur.«

Der Abend verläuft wie gewohnt: »*Bath. Pschorr. Römisches Café/Kaffee?*«

»GEHT DAS JAHR DENN NIE ZU ENDE?«

Nach den vier Festtagen erreicht die Stimmung ihren Tiefpunkt. »*Will the year never end!*«, notiert Beckett voller Überdruss am 28. Dezember 1936 in seinem Tagebuch. Am liebsten würde er sofort nach Dresden weiterreisen, aber er hat sein Zimmer zum Monatstarif gemietet. Er kalkuliert: Wie viel würde er mehr zahlen müssen, wenn er schon nach 14 Tagen abreiste und man ihm das Zimmer zum normalen Tagespreis berechnen würde? Die Differenz wäre nicht erheblich, ungefähr sieben Reichsmark. Schon trennt er sich innerlich von Berlin, hält aber dann doch an dem ursprünglichen Zeitplan fest. »*Ich verstehe schon sehr gut, wie leicht es wäre, sich von Berlin begeistern zu lassen; und weiß doch schon vorher, mit welchem Befriedigungsgefühl, als ob es sich um eine Flucht handelte, ich die Reise nach Dresden in ungefähr 14 Tagen antreten werde*«[6], schreibt er am Silvesterabend an Albrecht.

Ein paar Museumsbesuche machen die Tage bis Silvester wieder erträglich. Leider ist montags die Auswahl nicht groß, es bleibt wieder nur die Nationalgalerie. Dann folgen zwei erfreulichere Besuche im Kaiser-Friedrich-Museum. Und schon rücken die nächsten Festtage heran.

Der letzte Tag im alten Jahr bietet immer einen guten Anlass für große Entschlüsse. Bei Beckett ist es in diesem Jahr der Vorsatz: »*New resolution: drink more Champagne.*« Er beginnt den Silvestertag mit einem ausgedehnten Spaziergang durch den Tiergarten, den »heiligen Hain der Flanerie«[7], wie Walter Benjamin ihn nennt, folgt der Spree bis zum Lehrter Bahnhof und wandert rund um den Humboldt-Hafen. Im Lindenrestaurant an der Ecke Unter den Linden/Friedrichstraße nimmt er ein Zanderragout zu sich und erlebt auf dem Rückweg wieder einen prachtvollen Sonnenuntergang. Es ist ein milder, strahlend heller Wintertag, und er genießt den Spaziergang im Zickzack durch den Tiergarten, vorbei an Goldfisch-Teich, Spielplatz, Rosengarten, Lortzing-Denkmal und Rousseaus Löwenbrücke, weiter zum Neuen See und, am Tiergartenufer entlang, zurück zur Budapester Straße.

Becketts oft zitierter Satz *»Wie ich die Einsamkeit ANBETE«* gilt wohl besonders für das Alleinsein in der Natur, wo er seine ganze Aufmerksamkeit Tieren und Pflanzen, vor allem aber dem Licht und seinen mannigfachen Spiegelungen und Schattierungen schenkt. Im Gegensatz zu vielen anderen Passagen im Tagebuch, in denen er sich meist mit einzelnen Stichworten begnügt, beschreibt er seine Eindrücke von den Wanderungen im Freien ausführlicher, hin und wieder entwirft er sogar Bilder und kleine Szenen. Bei einem Sonnenuntergang etwa »schwanken die Zweige einer Zypresse wie regenbogenfarbene Ballons im Abendlicht«. Am Neuen See beobachtet er, wie »Enten mit rauem Geschrei vom Wasser auffliegen und wieder mit röchelnden Lauten landen«, wie sie »paarweise grimmig die Wasserachsen entlang fliegen, so anders in der Luft als auf den Wellen«.

Es kommt der Silvesterabend, für den er sich vorsichtshalber mit Bier eindeckt. In einem übervollen Laden in der Nürnberger Straße gibt es schon kein Dunkel vom Fass mehr, also kauft er zwei kleine Flaschen bestes Münchener. In der Pension greift er zu seinen brandneuen Hosenträgern *»to make them fest«* und hängt die Bierflaschen zum Kühlen aus dem Fenster, weil das Sims zu schmal ist, um das kostbare Gut gefahrlos dort deponieren zu können.

In Berlin werden am Silvestertag traditionell Berliner Pfannkuchen gegessen. Das aus Köln stammende, von Beckett als *»leonardesk«* beschriebene Zimmermädchen kommt mit Kaffee und einer Kostprobe, und Kempt erläutert ausführlich, wie man sie herstellt. Beckett vermerkt ironisch: »Wenn ich mich nicht ganz fürchterlich täusche, sind es einfach Windbeutel mit Marmeladenfüllung.«

Der »Berliner Bericht« in der *Frankfurter Zeitung* vom 28. Dezember 1936 schildert den üblichen Verlauf eines Berliner Silvesterabends: zuerst Pfannkuchen, dann Familiengeselligkeit und um Mitternacht hinaus auf die Straße, Geknalle, Geschrei, »Prost Neujahr«. Kempt sorgt dafür, dass seine Gäste es genau so erleben. Schlag 12 Uhr Mitternacht erscheint er atemlos, mit leerem Glas in der Tür, und alle versammeln sich, »als wären es Figuren aus einer nordischen Sage«: Frau Kempt mit den beiden Kindern, der Pekinese, Kempts Schwägerin, seine Schwiegermutter und ein Mitbewohner der Pension, ein witziger, netter Kerl, der offenbar als Meister komischer Rollen auf der Leinwand bekannt ist. Beckett nennt ihn im Tagebuch »Punch«, nach der traditionellen Figur der englischen Komödie. Später ziehen Punch, Kempt und Beckett hinaus auf die Straße, wo jedoch alle erst-, zweit- und drittklassigen Lokale geschlossen sind. Bleibt nur »Patzenhofer« in der Nürnberger Straße, wo in einer Atmosphäre wie bei Brueghel d. J. demagogische Reden geschwungen werden. Beckett sitzt dabei, hört sich die Tiraden an, ohne sich einzumischen, bis in die frühen Morgenstunden.

So endet das Jahr 1936. Für Beckett ist damit die erste Hälfte seines Aufenthalts in Deutschland schon vorbei. Er kam vor drei Monaten an und wird noch weitere drei Monate durch das Land reisen. In der Presse wird das Jahr 1936 als ein glückliches Jahr für Berlin gepriesen, ein Jahr reich an Segen und Erfolgen für Deutschland. Samuel Beckett hat in offenen Gesprächen mit Künstlern und Kunstsammlern in Hamburg ein anderes Deutschland kennen gelernt. Am deutlichsten zeigte sich das an dem Arbeitsverbot für die Hamburger Malerin Gretchen Wohlwill (1878–1962). Beckett lernte die Malerin in Hamburg kennen, erfuhr von dem Verbot und notierte den entsprechenden Text am 26. November 1936 in seinem Tagebuch: *»Ihrem Antrag auf Aufnahme in die Reichskammer der Bildenden Kunst kann nicht stattgegeben werden, da Sie als Nicht-Arier nicht zuverlässig sind und nicht geeignet, deutsches Kulturgut zu verwalten. Ich verbiete Ihnen die berufliche Ausübung der Malerei und Graphik.«*

1937. Der erste Tag im neuen Jahr verläuft ohne besondere Vorkommnisse. Aus den wenigen Zeilen im Tagebuch lässt sich nur herauslesen, dass Beckett zu der Zeit an einem Text schrieb, in dem schon der Name *Hamm* auftaucht. Ob es sich dabei um einen Vorläufer der Hauptfigur des zwanzig Jahre später entstandenen *Endspiels* handelt, lässt sich aus den wenigen Anhaltspunkten im Tagebuch nicht erschließen.

1 Beckett an Thomas MacGreevy, Brief vom 22. 12. 1936 aus Berlin
2 Beckett an Thomas MacGreevy, Brief vom 28. 11. 1936 aus Hamburg
3 Beckett an Thomas MacGreevy, Brief vom 21. 11. 1932 aus Cooldrinagh, Foxrock
4 Ebd.
5 Abgedruckt in *Dublin Magazine VI*, Okt./Dez. 1931, S. 4; überarbeitete Version in dem Gedichtband *Echo's Bones*, Paris 1935
6 Beckett an Günter Albrecht, Brief vom 31. 12. 1936 aus Berlin
7 »Die Wiederkehr des Flaneurs«, abgedruckt in: Franz Hessel: Ein Flaneur in Berlin, Berlin 1984, S. 278

ABENDPROGRAMM: FILM, THEATER, KONZERT

Bei dem von Beckett als »Punch« bezeichneten Mitbewohner der Pension, der am Silvesterabend zum ersten Mal im Tagebuch erwähnt wird, handelt es sich um den Schauspieler Josef Eichheim. Er ist zur Zeit der Begegnung mit Beckett 48 Jahre alt und auf dem Höhepunkt seiner Popularität. Beckett schreibt an den Freund Thomas MacGreevy: »Manchmal gehe ich abends raus und trinke noch ein Bier mit meinem Pensionswirt und einem Filmschauspieler, der sehr populär ist. Fremde bleiben an unserem Tisch stehen und sagen, woher kennen wir Ihr Gesicht? Das gefällt ihm und Kempt natürlich auch.«[1]

IN UFA-PALÄSTEN UND KINTOPPS

Der in München geborene Eichheim wurde meistens für die Rolle des bauernschlauen, humorvollen bayerischen Dorfbewohners engagiert. Bis 1932 hatte er auf Münchener Bühnen gespielt, dann kam er zum Film und drehte Mitte der dreißiger Jahre bis zu zehn Spielfilme pro Jahr. Kein Wunder also, dass sein Gesicht sich dem Publikum einprägte. Er scheint als Zimmernachbar Becketts in der Pension Kempt kein unangenehmer Mitbewohner gewesen zu sein. Nach der gemeinsam verbrachten Silvesternacht gehen Beckett, Eichheim und Kempt einige Tage später zur Vorführung des kurz zuvor uraufgeführten Films *Der lachende Dritte*, in dem Eichheim eine der Hauptrollen spielte. »Eichheim spielt gut, und der Film ist ganz lustig, wenn auch Regie und Schnitt unbefriedigend sind. Interessant, wie gereizt der Schauspieler auf Regie und Tempo reagiert und wie sehr er sich wünscht, selbst bei einem Film Regie führen zu können. Er ist sympathisch.«

Auf dem Rückweg machen die drei Halt in einem Lokal in der Kantstraße mit dem Namen »Große Klause«. Kempt nimmt an, dass es seit dem 1. Januar seinem Vetter gehört, was sich aber als Irrtum herausstellt. Der Besitzer zeigt ihnen trotzdem voller Stolz seine neue, in Innsbruck geschnitzte original Tiroler Inneneinrichtung. Sie stärken sich mit einem Glas Salvator und erreichen schließlich die »Kleine Klause«, »eine kleine, wenig einladende Pinte, der Vetter sehr oberkellnerhaft und abgetakelte Huren, die kommen und gehen«. Während Beckett von Kempt nur etwas über Hotels und »*going Pleite*« erfährt, zeigt sich nach kurzem Gespräch mit Eichheim, »dass er an dem interessiert ist, was ich selbst einmal interessant fand«.

Josef Eichheim in der Rolle des Großvaters »Naz« in *Der lachende Dritte*, 1936

Linke Seite: Deutsches Schauspielhaus am Gendarmenmarkt, um 1936

Anzeige im Berliner Tageblatt vom 29. Dezember 1936

Schon am übernächsten Tag ziehen sie wieder los, diesmal ins Kino Rivoli am Ende des Kurfürstendamms, gemeinsam mit *»two bitches«*. Diese sehr uncharmante Bezeichnung (»Flittchen«), die Beckett oft für Frauen verwendet, hat gewissermaßen eine literarische Tradition: Sein Landsmann Jonathan Swift nannte seine beiden Geliebten, Stella und Vanessa, gern ebenfalls Flittchen oder *slut* (»Luder«) oder auch *brat* (»Göre«). Nur wenn er mit einer Frauensperson wirklich unzufrieden war, bezeichnete er sie als *sweetheart*. Beckett und seine Begleiter sehen an diesem Abend den Film *Der Jäger von Fall* nach einem Roman von Ludwig Ganghofer. Beckett ist allerdings enttäuscht, der Film ist langweilig und albern, und Eichheim spielt zudem nur eine kleine Nebenrolle. Anschließend sitzen sie noch bis tief in die Nacht bei *»food & drink in a Kneipe in Kantstraße«*, und Eichheim bedauert, natürlich zu spät, dass er Beckett nicht vorgeschlagen hat, ihn ins Ufa-Filmstudio in Neubabelsberg zu begleiten – *»the biggest, brightest & best in all Germany ?!«*

Am Wochenende folgt dann die Nacht des großen Besäufnisses, in einem Rheinpfalz-Naturwein-Ausschank in der Mauerstraße: »Trinke einen Schoppen nach dem andern. Gegen 3 Uhr, als sie gehen wollen, bestelle ich noch eine Flasche und 3 weitere Schoppen. Danach weiß ich nichts mehr.« Am nächsten Mittag kommt Eichheim im Pyjama zu ihm herein und sagt, dass er sich miserabel fühlt, später stößt Kempt dazu, der vom späten Nachhausekommen berichtet: »Ich war die ganze Zeit über sehr ruhig bis zum Schluss, dann plötzlich: aus. Typisch. Aber ich konnte noch gehen usw. Lief vom Taxi vor ihnen her zur Tür, kriegte aber das Schloss nicht auf. Trank alles in allem 7 Schoppen und 1/3 Flasche, d.h. über zwei Liter. Das scheint gar nicht so viel. Aber der Wein köpfte.«

Eichheim hatte wenige Monate zuvor in dem Film *Straßenmusikanten* mit Liesl Karlstadt und Karl Valentin gespielt. In Berlin wurde am Jahresende *Donner, Blitz und Sonnenschein* mit Karl Valentin uraufgeführt, und wenn es in der Filmanzeige auch heißt »Ich – Karl Valentin – bin ab morgen in Berlin und will mit Euch recht lustig sein«, so kam es hier zu keiner persönlichen Begegnung. Eichheim arrangierte allerdings später ein Treffen in München, wo Beckett, laut einem Brief an Günter Albrecht, auch eine Vorstellung besuchte und zu folgendem interessanten Urteil kam: »Ich sah den legendären Münchener Valentin und fand ihn erstklassig, aber vielleicht nicht mehr ganz auf der Höhe seiner Kunst.«[2] 1941 wird Valentin wegen seiner »Elendstendenz« jegliche Filmarbeit verboten.

Beckett ist natürlich nicht nur an Filmen interessiert, in denen Eichheim zu sehen ist. Im Marmorhaus lief gerade *Ich lebe mein Leben* mit Joan Crawford in der Hauptrolle an. »Alles drängt sich um die schöne Joan«, schwärmt der *Lokal-Anzeiger* und zeigt sie, umringt von ihren Verehrern. Auch Beckett hätte sie gerne gesehen, es wäre eine willkommene Abwechslung in den nicht sehr vergnüglichen Weihnachtstagen gewesen, aber der Film ist auf lange Sicht ausverkauft.

Großes Aufsehen erregte damals *San Franzisko*, ein frühes Beispiel für das Genre des Katastrophenfilms, in dem es um das große Erdbeben vom 17./18. April 1906 geht, das die aufblühende kalifornische Stadt zerstörte. Beckett sieht den Film am 1. Januar 1937 und ist entsetzt: »Mieser Tag. Kaufe mir eine Karte für SAN FRANZISKO im Ufa-Palast am Zoo, 3 RM. Unter aller Kritik, ausgenommen das Erdbeben am Schluss. Warum muss ich mir das antun!« Ganz anders beurteilt Thomas Mann den Film, den er in der Schweiz sah. Für ihn handelt es sich um einen »aufregenden und erstaunlich inszenierten Liebes-, Sanges- und Katastrophenfilm«. Und er fühlt sich durch diesen Eindruck sogar zu einer allgemeinen Äußerung über die seiner Meinung nach konkurrierenden Gattungen Film und Theater veranlasst: »Der Sieg des Kinos über das Theater durch seine soviel stärkeren Reize nur zu begreiflich ...«[3]

Joseph Eichheim kennt auch seinen Schauspielerkollegen Werner Krauß, der »zu Eichheims Entsetzen sternhagelvoll zum Drehen erscheint!« Becketts Meinung ist offenbar eine andere: »Bravo!«, setzt er lakonisch hinzu. Er sieht den brillanten Schauspieler in Berlin zunächst in dem Wiener Film *Burgtheater* und ist begeistert: »Hervorragend gespielt. Gut gedreht. Er ist der beste Schauspieler, den ich kenne. Beherrscht und voller Noblesse!«

Es ist nicht auszuschließen, dass nicht nur die Starbesetzung Beckett in das kleine Kino in der Kantstraße lockte, sondern der Film wieder persönliche Erinnerungen in ihm wachrief, an Wien, den Wienerwald und die *»very vanguardful«* Schule »Dunkelbrau«, wie Beckett die vormals bei Dresden angesiedelte Schule Hellerau nannte, wo die geliebte Cousine Peggy Sinclair bei dem sehr fortschrittlich gesinnten Schweizer Emile-Jacques Dalcroze Rhythmik, Musik und Tanz studierte.[4] Während Becketts Besuchs bei seinem *»dear little sweet little Fünkelein in the big blue Hof«* in Laxenburg fand im Wiener Burgtheater eine Festvorstellung statt, bei der *Faust, der Tragödie erster Teil* gegeben wurde. Die Tanzgruppe Hellerau-Laxenburg war engagiert für Tänze und Bewegungschöre – vielleicht hatte Peggy Sinclair dabei mitgewirkt. Der Film *Burgtheater* beginnt übrigens mit Werner Krauß auf der Bühne des Wiener Burgtheaters in der Rolle des Faust.

SCHAUSPIELHAUS UND KAMMERSPIEL

Zwei Tage nach dem Kinobesuch sieht Beckett Werner Krauß leibhaftig auf der Bühne – als Kandaules in Hebbels Tragödie *Gyges und sein Ring*, die im Schauspiel-

Anzeige im Berliner Tageblatt vom 29. Dezember 1936

Gendarmenmarkt mit Schauspielhaus und Französischem Dom, um 1930

haus am Gendarmenmarkt gegeben wird. Er hat sich seiner Gewohnheit gemäß den Text vorher besorgt und ist tief beeindruckt von Hebbels poetischer Sprache. Die folgenden von Kandaules, dem König von Lydien gesprochenen Verse notiert er in seinem Tagebuch:

».. *Sie ist*
Der Frauen Königin, doch ich besitze
Sie, wie das Meer die Perlen, keiner ahnt,
Wie reich ich bin ...«
Und: »*Wer glaubt an Perlen*
in geschlossener Hand?«

Noch bevor Beckett das Stück auf der Bühne sieht, kauft er sich auch Hebbels Gedichte – »*5 zusammengebundene Bände, in Reclam, 1.75*« – und kommt zu dem eindeutigen Urteil: »Hebbel ist als Dramatiker bekannt, aber seine eigentliche Bedeutung hat er als Dichter«. Damit befindet sich Beckett übrigens in Übereinstimmung mit Hebbel selbst, der von seinem Werk sagte, dass gerade seine Poesie ihn am längsten und würdigsten überdauern würde.[5]

Beckett kommentiert die Aufführung, die er am Abend des 12. Januars sieht, ausführlich in seinem Tagebuch. Die seiner Ansicht nach missglückte Vorstellung ist für ihn Ausgangspunkt für grundsätzliche Überlegungen, die erkennen lassen, wie sehr ihn bereits damals das Problem der dramatischen Handlung beschäftigt. Bemerkenswert ist insbesondere der Versuch, sich diesem Problem mit Hilfe des Gegensatzes »poetisch« – »dramatisch« anzunähern:

»*Gyges und sein Ring* ist als Stück, oder so, wie es hier gespielt wird, zweifellos ein Fehlschlag. Nicht einmal Krauss mit seiner ganzen Sicherheit und Noblesse vermag es zum Leben zu bringen. Es genügt, um mich davon zu überzeugen, dass ein poetisches Stück nie als Stück zum Tragen kommen kann, auch nicht, wenn es poetisch gespielt wird, denn die Worte verdunkeln die Handlung und werden wiederum durch sie überschattet. Verse, die beginnen wie ›Sie ist die Königin ...‹ oder ›Die Welt braucht ihren Schlaf ...‹ sind für sich selbst zu bedeutend, um nur Ausdruck eines dramatischen Geschehens zu sein. Beides leidet darunter. Und für einen wunderbaren Satz wie ›Das Leben ist

Schauspielhaus am Gendarmenmarkt

Mittwoch, den 18. Dezember 1935

Zum 6. Male

Gyges und sein Ring

Eine Tragödie in fünf Aufzügen von Friedrich Hebbel

Spielleitung: Gustaf Gründgens

Bühnenbilder: Traugott Müller

Kandaules, König von Lydien . . . . Werner Krauß
Rhodope, seine Gemahlin . . . . Hilde Weißner
Gyges, ein Grieche . . . . Claus Clausen
Lesbia } Sklavinnen . . . . Ingeborg Senkpiel
Hero } . . . . Clara Savio
Thoas } Sklaven . . . . Hansjoachim Büttner
Karna } . . . . Hellmuth Bergmann

Die Handlung ist vorgeschichtlich und mythisch; sie ereignet sich innerhalb eines Zeitraumes von zweimal vierundzwanzig Stunden

Musik: Mark Lothar

Anfang 20 Uhr
Ende gegen 22½ Uhr
Kassenöffnung 19 Uhr

Größere Pause nach dem zweiten Aufzug

Januar im Schauspielhaus

Hamlet

von Shakespeare

Spielleitung: Lothar Müthel   Bühnenbilder: Rochus Gliese

Hamlet: Gustaf Gründgens
Königin: Hermine Körner, Ophelia: Käthe Gold
König: Walter Franck, Polonius: Hans Leibelt, Laertes: Claus Clausen
Musik: Mark Lothar

Spielplan der Staats-Theater

Dez.	Staats-Oper	Schauspielhaus am Gendarmenmarkt (20 Uhr)	Dez.	Kleines Haus (20 Uhr)
19.	Aida (19½)	Vorstellung f. d. NS.-Kulturgemeinde Kein Kartenverkauf Thomas Paine	19.	Vorstellung f. d. NS.-Kulturgemeinde Die Jungfern v. Bischofsberg
20.	Der Wildschütz (20)	Thomas Paine	20.	Himmel auf Erden
21.	Julius Caesar (20)	Das Glas Wasser	21.	Ein idealer Gatte
22.	Der Troubadour (20)	Gyges und sein Ring	22.	Ein idealer Gatte
23.	Madame Butterfly (20) (NS.-Kulturgemeinde, beschränkter Kartenverkauf)	Vorstellung f. d. NS.-Kulturgemeinde Thomas Paine	23.	Vorstellung f. d. NS.-Kulturgemeinde Himmel auf Erden
24.	Geschlossen	Geschlossen	24.	Geschlossen
25.	1. Weihnachtsfeiertag Tannhäuser (19½)	1. Weihnachtsfeiertag Gyges und sein Ring	25.	1. Weihnachtsfeiertag Ein idealer Gatte
26.	2. Weihnachtsfeiertag Turandot (20)	2. Weihnachtsfeiertag Das Glas Wasser	26.	2. Weihnachtsfeiertag Ein idealer Gatte
27.	Der Rosenkavalier (19½)	Thomas Paine	27.	Himmel auf Erden

Vorverkauf bis einschließlich 27. Dezember

Sylvester im Schauspielhaus: 19 Uhr: **Das Glas Wasser** Käthe Gold, Hermine Körner Gustaf Gründgens
(Vorverkauf ab 22. Dez.)

Nachdruck verboten!

Besetzungsliste zu *Gyges und sein Ring* aus dem Programmheft, 18. Dezember 1935

zu kurz, als dass der Mensch sich drin den Tod auch nur verdienen könnte‹ bleibt nicht genug Zeit zum Widerhall. Racine hat seine Sätze nie in dieser Weise gestaltet, sie hängen nie an dem Wort in dieser Weise, und darum sind seine Stücke auch nicht ›poetisch‹, d. h. undramatisch in dieser Weise. Aber auch die psychologische Logik ist bei weitem nicht der Moderne angepasst, wie er behauptet, denn die Handlung ist noch allzu sehr an eine unverständliche Sitte gebunden, ihre Übertragung ins allgemein Gültige gelingt nicht, und die universale Antithese zwischen Individuum und Kollektiv bleibt im Dschungel der spezifischen Antithese als

Werner Krauß als Kandaules in *Gyges und sein Ring*, Dezember 1935

Hilde Weissner als Rhodope in *Gyges und sein Ring*, Dezember 1935

Kern der Sache stecken.« Dem schließt sich eine Beurteilung der einzelnen Schauspieler an, bei der selbst Krauß nicht gut wegkommt, sowie eine Kritik an Textstreichungen, die einmal mehr zeigt, wie gut sich Beckett auf derartige Veranstaltungen vorbereitete: »Weissner als Rhodope ganz leidlich. Clausen als Gyges kaum erträglich. Lesbia unter jeder Kritik, so als stände sie zum ersten Mal im Rampenlicht. Thoas wird seiner Rolle gerecht. Krauss – sehr schön in Haltung, Gestik und Sprechweise, aber irgendwie enttäuschend. Viele ungerechtfertigte Schnitte, z. B. Gyges' Antwort an Rhodope: ›Du hättest mich der Heimat nicht entführt‹ entfällt in toto, ebenso Thoas' Satz vom ›Salz der Zeit‹. Sehr schwaches Haus, und viel ›Nlist‹-Gemurmel.«

Auch nach einem solchen Theaterabend trinkt Beckett gerne noch ein Bier mit Kempt und Eichheim in der Nürnberger Straße. Er ist, wie an den meisten Abenden, Zuhörer, lässt die beiden erzählen, ohne etwas von sich selbst preiszugeben: »Beide sind dumm und schlau, jeder auf seine Weise, und beide Weisen sind anders als meine.«

Vier Tage vor dem Besuch des Hebbel-Dramas, am 8. Januar, sah sich Beckett eine Aufführung von Schillers *Maria Stuart* an – allerdings nicht gerade mit großer Begeisterung. »Muss auch mal ins Staatstheater, ›Maria Stuart‹ *God help me* oder ›Don Juan & Faust‹ *God forgive him*«, kündigt er im Tagebuch an. Er hatte sich zuerst um eine Karte für Christian Dietrich Grabbes *Don Juan & Faust* mit Gustav Gründgens als Don Juan bemüht, aber es gibt nur noch Plätze für 8 RM. Obwohl er sich das Stück gern angesehen hätte, nicht nur des berühmten Schauspielers wegen, ist ihm das zu teuer.

Stattdessen entscheidet er sich für Schillers *Maria Stuart*, zum halben Preis: 4 RM, zweiter Rang, 8. Reihe. Beckett hat sich offenbar schon Anfang der dreißiger Jahre für die tragische Gestalt der schottischen Königin interessiert, denn 1931 fragt er seinen damals noch in Paris ansässigen Freund MacGreevy nach einer verlässlichen französischen Biographie von Maria Stuart. In Berlin kauft er sich nun zunächst den Text des Bühnenstücks, liest ihn aufmerksam und macht sich schon bei der Lektüre in den folgenden Tagen Notizen:

»6.1. – Lese noch etwas weiter in *Maria Stuart*. Was für eine Weihwasserschleuder er aus ihr macht. Und Mortimers Bekehrungsrede konnte nur aus der jämmerlichen Vorstellung heraus entstehen, die sich die Protestanten vom römischen Katholizismus als einer Suhle der schönen Künste machen. Am Abend fast fertig mit dem 2. Akt.« Seine Kritik wird immer schärfer, je weiter er liest. Bei der großen Szene zwischen Maria und Elisabeth im Garten von Fotheringhay angekommen, hat er den Eindruck, »als sei eine Maschine am Werk, der Stil ist viel inhumaner als Goethes. Eine sentimentale Maschine, oder ist es eine naive. Ich weiß es nicht mehr genau ...«

Die Aufführung selbst am 8. Januar im Schauspielhaus findet wenig Gnade vor seinem strengen Blick. Er sah das Stück in neuer Besetzung, zunächst hatten Hermine Körner und Käthe Dorsch die beiden Königinnen gespielt, jetzt sind es Maria Koppenhöfer und Hilde Weissner. »Das Stück beginnt sehr schwach, die Szene zwischen Kennedy & Paulet. Hilde Weissner (M. S.), so weit meine schwachen und eingerosteten Augen es erlauben, ist so schön in mehr oder weniger der Richtung, wie ich mir M. S.'s Schönheit vorstelle, so dass ich bedaure, kein Opernglas dabei zu haben. Sie spielt aber nicht sehr intelligent, d.h. sie gehorcht ihren Befehlen allzu *weise*. In dem Konflikt geht die Überzeugung unter, dass sie verloren ist, oder richtiger gerettet, was falsch ist für mein Spatzenhirn. Maria Koppenhöfer ausgezeichnet als Elisabeth, ebenso Günther Stadank als Burleigh, vielleicht die beste Leistung dieses Abends, aber er hat eine leichte Rolle! Clausen als Leicester recht ordentlich. Laubenthal als Mortimer sehr schwach, zerfleddert die Rolle, gut inszeniert und ausgestattet, insbesondere die Gartenszene. Rauschendes perlgraues Kleid von M.S. Wie schön sprach sie die Stelle, dass Frankreich ihrem Herzen so nahe: ›Ach, es war immer dort!‹ Der sehr fragwürdige letzte Akt (der auch eine geraume Zeit später als die ersten vier geschrieben wurde, weil es so lange dauerte,

Ankündigung im Berliner Tageblatt vom 29. Dezember 1936

Macbeth zu übersetzen) verletzend gekürzt oder ganz weggelassen. Großartiger Vorhang, gestört durch vorzeitiges Klatschen. Alles in allem etwas zu sahnig, ›homogenisiert‹, wobei die Intentionen des Euripides nicht unmittelbar genug herauskommen. Das ödipale Schicksal, das jede Form von Flucht als Werkzeug nutzt, wird durch einen rationalisierenden Kommentar wie den der Mary im letzten Akt unbedeutend, wenn sie die Strafe für ein Verbrechen, das sie nicht begangen hat, mit einem Verbrechen verbindet, das sie begangen hat (Darleys Ermordung). Das Stück endet somit nicht mit einem letzten Akt des

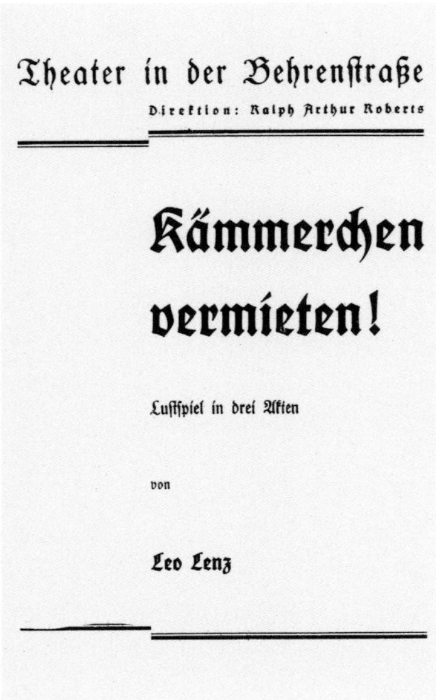
Theater in der Behrenstraße
Direktion: Ralph Arthur Roberts

Kämmerchen vermieten!

Lustspiel in drei Akten

von

Leo Lenz

Seite aus dem Programmheft des Theaters in der Behrenstraße, Oktober 1936

Verstehens wie bei Racine, sondern in Selbstmitleid. Pfui. Nicht in *unserene clarity*, sondern in *serene obscurity*. Pfui. Die berühmte Zankszene verläpperte genauso wie beim Lesen [...] Es ist schlecht geschrieben oder *underwritten*, denn es besteht kein Zweifel über das, was er im Sinn hatte. So war es, laut Programm, als Karoline Jagemann die Elisabeth spielte. Dass weder die eine noch die andere Königin diese Art von Person war, steht auf einem andern Blatt.«

Durch Lektüre gut vorbereitet, konnte Beckett den deutschen Texten, die auf der Bühne gesprochen wurden, offenbar mühelos folgen. Anders war das bei einer Komödie, die er im Kammertheater in der Behrenstraße sah. Leo Lenz hatte eigens für dieses Haus, gleich neben dem großen »Metropol«, ein Theaterstück mit dem Titel *Kämmerchen vermieten* geschrieben, das großen Erfolg hatte. Sowohl der Autor und das Stück als auch das kleine Kammerspielhaus in der Behrenstraße sind heute vergessen. Letzteres hatte der erfolgreiche Filmschauspieler und Komponist Ralph Arthur Roberts (»Auf der Reeperbahn nachts um halb eins ...«) 1928 übernommen. »Mein Theater der Sechshundert« – so nannte er sein »Kämmerchen«, das über 600 Plätze im Parkett, einen Rang und ein paar Logen verfügte. Vielleicht war es das Renommee des Theaterbesitzers und Schauspielers Roberts, der selbst die Hauptrolle in der Komödie spielte, was Beckett ins »Kämmerchen« lockte. Der mit doppelsinnigen Redensarten gespickte Text machte es dem irischen Besucher jedoch nicht leicht, alle Anspielungen und Anzüglichkeiten zu verstehen. »Im 1. Akt entging mir viel, im 2. weniger, im 3. noch weniger. ›Rasieren nicht. Aber ich werde Sie einseifen.‹ Ein unbedeutendes, dummes Stück, aber Roberts spielt stellenweise recht gut, vor allem als englischer Chauffeur. Anneliese Born wenig reizvoll, ebenso wenig ihre Beine. Kriege nicht heraus, was in dem Titel steckt, macht nichts, wenn ich nie dahinter komme. Volles Haus. Guter Platz.«

KONZERT IN DER PHILHARMONIE

Während seines Berlin-Besuchs war Beckett fast jeden Tag im Museum, er hat mehrere Filme und drei Theaterstücke gesehen. Auch ein Konzert hat er besucht, einen Beethoven-Abend mit Eugen Jochum als Dirigenten und Eduard Erdmann am Klavier. Bereits Ende Dezember, zwei Wochen vor der Veranstaltung am 13. Januar 1937, hatte er sich eine Eintritts-

13. Jan. 3. Konzert
Ltg.: Eugen Jochum
Solist: Eduard Erdmann
Beethoven-Abend
Ouv. Leonore 3 — Klavierkonzert Es-dur — Sinfonie Nr. 6 F-dur (Pastorale)
Eintrittspreise 1,— bis 6,— RM.
Bote & Bock, Leipziger Str. 37 und Tauentzienstr. 7b, A. Wertheim, Leipziger Platz, Filialen u. a. d. Abendkasse

Ankündigung im Berliner Tageblatt vom 29. Dezember 1936

karte besorgt. Er ahnte nicht, wie sehr sich sein prekärer Gesundheitszustand bis dahin weiter verschlechtern würde. Die immer mehr anschwellende Geschwulst erschwert ihm nicht nur das Gehen, sondern wird auch immer schmerzhafter: »Wie werde ich das Konzert heute Abend nur durchstehen?«, lautet die bange Frage im Tagebuch. Er schleppt sich trotzdem zum Konzertgebäude, das ihm ganz und gar nicht gefällt: »Die Philharmonie ist ein absurder Schaukasten, keine einzige ungebrochene Fläche im ganzen Haus, breite Korridore, riesige Foyers & Garderoben, Rauchersalons? & harte Holzsitze mit Rippen.«

In Becketts Elternhaus hingen zwar keine Kunstwerke an den Wänden, aber ein Klavier oder Flügel stand nicht nur zur Dekoration dort. Musikalische Begabung war in der Familie keine Seltenheit und wurde von klein auf gefördert, so auch bei dem kleinen Samuel Barclay Beckett, der schon als Fünfjähriger Klavierstunden bekam und sich später, wo immer sich eine Gelegenheit bot, gern ans Klavier setzte. Sein Gehör für die Musik war ebenso fein ausgebildet wie für die Dichtung. Es ist nicht erstaunlich, dass seine Kritik über den Beethoven-Abend ganz anders ausfällt als in den Zeitungen, in denen der Pianist Erdmann beispielsweise als »großzügiger Ausdeuter« des Es-Dur-Konzertes, in dem »blutvolle Inspiration« zu spüren sei, gelobt wird. Beckett schreibt:

Innenaufnahme der Philharmonie, um 1936

»*Leonore* sehr gut gespielt, habe die Horn-Passage nie so gut gehört, eine echte waldige romantische Ferne, auch die Passage des strudelnden Wassers für Violinen mit den mit einstimmenden Violas. Die Eröffnung sehr langsam, ruhig und geheimnisvoll. Dann wird die Melodie angegeben mit der richtigen Scheu. Hier und da etwas unscharf gespielt, aber das lag vielleicht an der Ebene, auf der ich mich befand, wenngleich sie sehr stolz auf die Akustik ihrer ›*Alten Philharmonie*‹ sind. Das Concerto, obwohl op. 70 und [...] viel zu romantisch und melodiös für mich (mit meinem eigroßen Klumpen unterm Skrotum), und Erdmann eine glatte

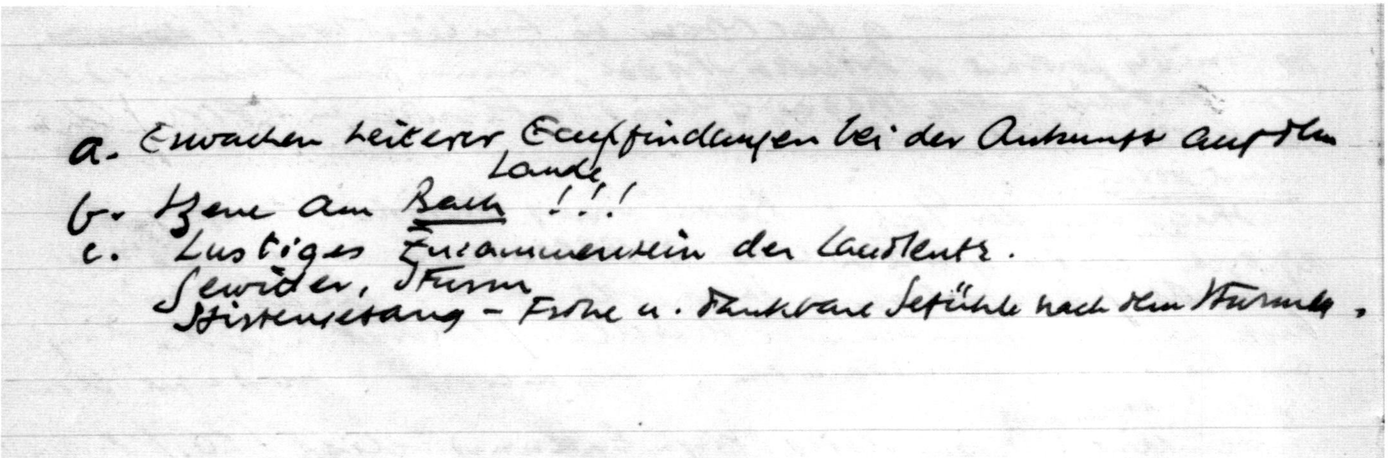
a. Erwachen heiterer Empfindungen bei der Ankunft auf dem Lande
b. Szene am Bach !!!
c. Lustiges Zusammensein der Landleute.
Gewitter, Sturm
Hirtengesang – Frohe u. dankbare Gefühle nach dem Sturme.

Auszug aus Becketts Tagebuch: Die Sätze von Beethovens *Pastorale*

Null, wahrlich erdig, fuchtelt herum, als ob er ein Paar Socken bei Harrods verkaufte, greift verzweifelt nach den Noten, schwitzt aus allen Poren, beendet jeden Satz wie durch ein Wunder & mit offensichtlicher Erleichterung, sein *uscita* [Abgang] stocksteif. Hoffnungslos. Danach die biestige fröhliche *Pastorale,* eine erschreckende Verirrung in ferne Gefilde. Habe keine Kraft mehr, Einwände zu formulieren.«

Für Beethovens *Leonoren*-Ouvertüre scheint Beckett eine besondere Vorliebe gehabt zu haben. Bei seinem Aufenthalt in Hamburg war er am 7. November 1936 auf einem Spaziergang durch den Stadtpark im Parkcafé eingekehrt, angelockt durch Klänge aus der Ouvertüre. Nach einem großen Löwenbräu, das er, wie er schreibt, in einem Zug austrinkt, fühlt er sich bei dieser Musik »auf höchst beglückende Weise melancholisch«.

Neben der Eintragung zu der »biestig fröhlichen *Pastorale*« stehen im Tagebuch auf der linken Seite die Sätze der Symphonie vermerkt:

a. Erwachen heiterer Empfindungen bei der Ankunft auf dem Lande
b. Szene am Bach !!!
c. Lustiges Zusammensein der Landleute.
Gewitter, Sturm
Hirtengesang – Frohe u. dankbare Gefühle nach dem Sturm.

Das Wort »Bach« ist unterstrichen, dahinter sind zudem drei Ausrufungszeichen gesetzt – diesem Wort kommt also offenbar eine besondere Bedeutung zu. Welche es allerdings ist, darüber lässt sich nur spekulieren; persönliche Erinnerungen mögen eine Rolle gespielt haben. Nicht auszuschließen ist, dass Beckett hier an den Komponisten Johann Sebastian Bach, den er nach Aussage seines Biografen

James Knowlson »einfach nicht ausstehen«[6] konnte, dachte.

Solche Assoziationen sind für Beckett nichts Ungewöhnliches. In seinem erstem Roman *Traum von mehr bis minder schönen Frauen* geht es beispielsweise gleich auf der ersten Seite um die Musik von Bach, welche Smeraldina, eine offensichtlich der Cousine Peggy Sinclair nachempfundene Figur, »über alles im Himmel und auf Erden und den Gewässern unter der Erde« liebt. Die Mehrdeutigkeit des Wortes »Bach« bietet hier den Anlass zu einer metaphorischen Wendung. Das Knüpfen dichter Netze von sprachlichen Bezügen, die im Einzelnen oft nicht zu entschlüsseln sind und weit in die Privatsphäre des Autors ausgreifen können – nicht zuletzt darauf kam es Beckett in seinen Texten immer wieder an.

1 Beckett an Thomas MacGreevy, Brief vom 18. 1. 1937 aus Berlin

2 Beckett an Günter Albrecht, Brief vom 30. 3. 1937 aus München

3 Thomas Mann: Tagebücher 1937–1939. Hg. von Peter de Mendelssohn, Frankfurt am Main 2003, S. 42

4 Im Alten Schloss zu Laxenburg befand sich in den Jahren 1925–1938 die von Studenten und Pädagogen aus der ganzen Welt besuchte Schule für Rhythmus, Musik und Körperbildung »Hellerau-Laxenburg«.

5 Vgl. Karl Heinemann: Deutsche Dichtung, Leipzig 1930, S. 233

6 James Knowlson: Samuel Beckett. Eine Biographie, Frankfurt am Main 2001, S. 253

DUNLOP

LEKTÜREN UND BEGEGNUNGEN

In einem Notizbuch Becketts aus den dreißiger Jahren findet sich auf den ersten Seiten der Eintrag »*Germany 2/10/36*«. Es ist der Tag von Becketts Ankunft mit der *SS Washington*, dem US-Liniendampfer, im Hamburger Hafen. Es folgen zahlreiche Aufzeichnungen, die er im Verlauf seiner Deutsch- landreise machte, Lesenotizen, deutsche Redensarten oder Wortspiele, Exzerpte aus naturwissenschaftlichen und sprachkritischen Werken sowie eine Liste deutscher Bücher. Diese Bücher hatte Beckett in den neun Wochen seines Hamburger Aufenthalts erworben. Die renommierte Buchhandlung Saucke wurde für ihn in dieser Zeit zu einem wichtigen Anlaufpunkt. Das lag nicht nur an dem liebenswürdigen Empfang und der kompetenten Beratung, schon bald war für ihn auch der freundschaftliche Kontakt mit dem jungen Buchhändler Günter Albrecht in vieler Hinsicht bedeutsam.

Die erwähnten Bücher ließ er vor seiner Abreise aus Hamburg direkt an seine Dubliner Adresse schicken, wo sie nach vier Wochen bangen Wartens schließlich auch eintrafen. Sein Reisegepäck blieb dennoch schwer genug. Der Hoteldiener in Hannover stöhnte, als er den Koffer die Treppen hinaufschleppte: *»Da haben Sie wohl den ganzen Freien Staat drin!«* Nur mit Mühe konnte Beckett die in Braunschweig, Hildesheim, Wolfenbüttel und Riddagshausen erworbenen Bücher und Kataloge noch unterbringen. In Berlin musste er schon sein Kofferschloss reparieren lassen und im KaDeWe eine zusätzliche Aktentasche kaufen, die sich allerdings als zu klein erwies, so dass er am letzten Vormittag statt zum Kaiser-Friedrich-Museum noch einmal zum KaDeWe eilte, um sie umzutauschen.

In der Akademischen Buchhandlung in der Berliner Ferdinandstraße steht kein Günter Albrecht, der ihn über das Neueste auf dem Büchermarkt informiert. Außer dem Stadtführer *Grieben*, den er auf allen Wegen durch Berlin bei sich hat, kauft er dort in den ersten Wochen nur die Reclam-Ausgaben der Theaterstücke von Hebbel, Schiller und Grabbe sowie die deutsche Literaturgeschichte von Friedrich dem Großen – in deutscher Übersetzung, ein Sachverhalt, den er erstaunt zur Kenntnis nimmt. Doch dann sieht er Gottfried Kellers *Der grüne Heinrich* in der Buchhandlung liegen, eine Insel-Ausgabe zum Preis von 3.50 Reichsmark. »Schöne Ausgabe. Werde auch den *Simplicissimus* demnächst dort kaufen.« Beckett hatte schon in Hamburg mit dem Kauf von Kel-

Günter Albrecht, Aufnahme vom 29. Dezember 1936

Linke Seite: Unter den Linden, um 1936

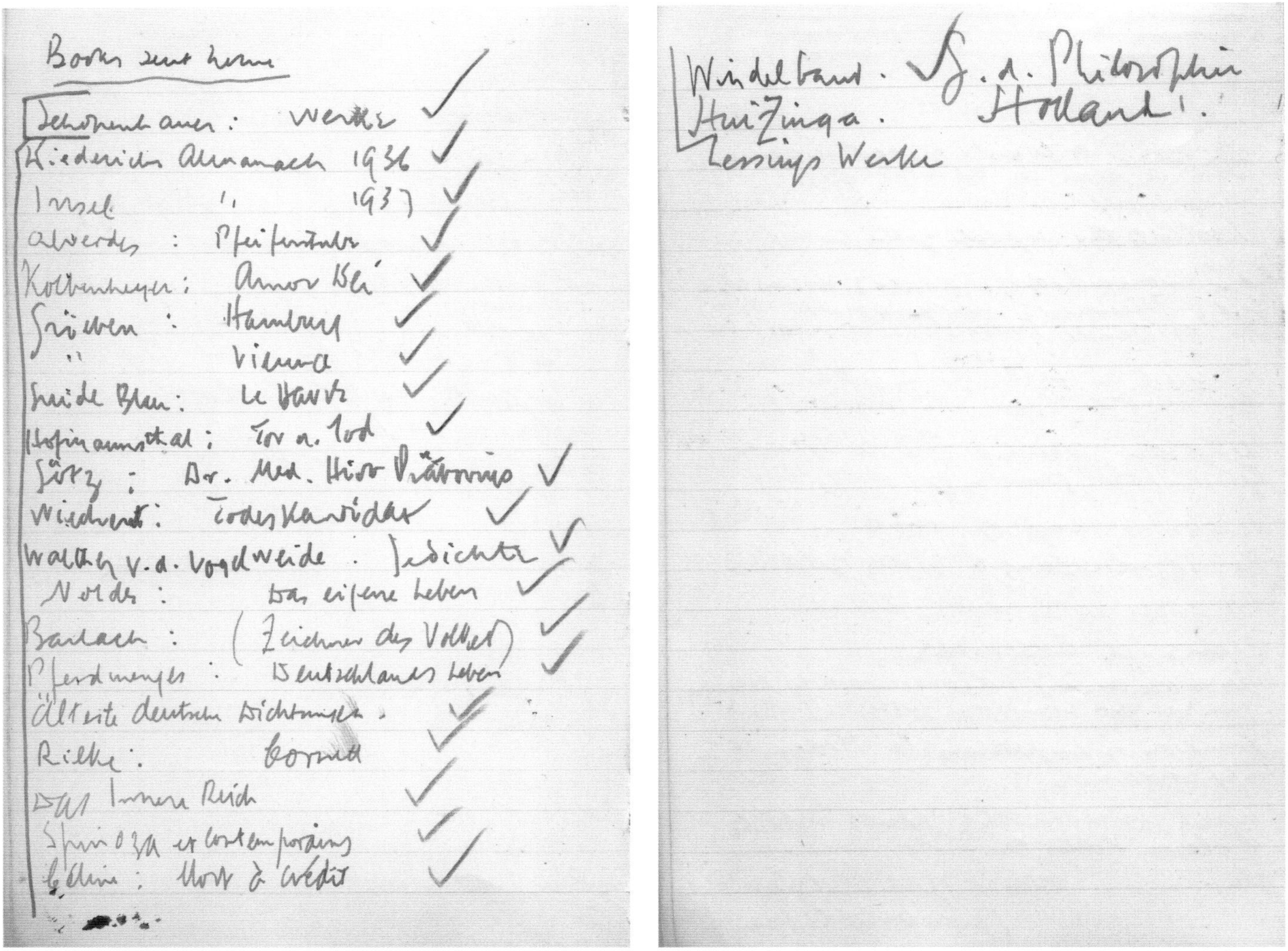

Seiten aus Becketts *Whoroscope Notebook:* Liste der Ende 1936 in Hamburg erworbenen Bücher

lers Roman geliebäugelt, aber in Anbetracht seines schmalen Budgets darauf verzichtet. Woher sein Interesse an dem Werk rührte, ist nicht bekannt. James Joyce könnte Beckett in Paris auf Keller aufmerksam gemacht haben, denn Joyce war, wie sein Biograf Richard Ellmann schildert, tief beeindruckt von Kellers Lied-Zyklus *Lebendig-Begraben*, den er in Zürich hörte. »Er war so beeindruckt davon, dass er ihn später sogar übersetzte.«[1] Und sein Interesse an Keller wuchs noch,

Eingang des Tanzcafés »Moka Efti« an der Ecke Friedrichstraße/Leipziger Straße, 1936

als ein Kritiker seinen frühen Roman *Ein Porträt des Künstlers als junger Mann* mit dem *Grünen Heinrich* verglich.

Den entscheidenden Impuls zum Kauf des Romans könnte Beckett durch einen zweispaltigen Artikel im Feuilleton der *Frankfurter Zeitung* vom 19. Dezember 1936, »Aus der Geschichte des *Grünen Heinrich*«, erhalten haben, in dem ein bis dahin unbekannter Brief Gottfried Kellers an seinen Verleger Vieweg in Braunschweig abgedruckt war. Die Schriftleitung begründet die Veröffentlichung »mit dem allgemeinen Interesse an der nicht seltenen gegensätzlichen Auffassungs- und Arbeitsweise von Autor und Verleger und um der tiefen Menschlichkeit willen, die sich in der Art bekundet, wie Keller das Drängen seines Verlegers beantwortet«.

Beckett hatte zwar in einem Brief vom 31. Dezember an Günter Albrecht behauptet, er *»lese sehr wenig, vor allen Dingen keine Zeitung«*[2], diese Aussage aber scheint nicht ganz der Wahrheit entsprochen zu haben, denn man findet im Tagebuch immer wieder Hinweise auf Tagesereignisse oder Anekdoten, die er einer Zeitung entnommen hat: »Gute Witze in *Morgenpost*« oder »Lese das *Tageblatt* in Partien den ganzen Tag. Viel schwächer als die *Frankfurter*.« Man kann daher annehmen, dass ihm der aufsehenerregende Fund des Keller-Briefes nicht entgangen ist.

Die »tiefe Menschlichkeit« Kellers, von der in der *Frankfurter Zeitung* die Rede ist, bekundet sich auch im fünften Kapitel seines Romans, in dem er die erschütternde Geschichte eines kleinen Mädchens aus adeligem, höchst orthodoxem Hause erzählt, das eine hartnäckige Abneigung gegen Gebet und Gottesdienst jeder Art zeigte. Es wurde daraufhin zu einem strenggläubigen Pfarrherrn in Pflege gegeben. Die Maßnahmen, mit denen dieser gegen die »infernalischen Erscheinungen« vorging, führten schließlich zum Tode des gemarterten kleinen Geschöpfes. Beckett berichtet Günter Albrecht von dem Kauf des *Grünen Heinrich*, und er fügt hinzu: *»Die Geschichte des Meretleins, die die mindeste Uebertönung ins Lächerliche hätte ziehen müssen, habe ich erschütternd gefunden«.*[3] Beckett vertiefte sich gleich nach dem Kauf in die Lektüre des Romans: »Trinke Kaffee

Axel Kaun, Ende der dreißiger Jahre

im *Efti*. Lese das erste Kapitel des G.H. Es beginnt ganz gemächlich, wie ein Teilnehmer beim großen Lauf von London nach Brighton. Sehr schön die Schilderung seines Vaters im grünen Anzug, Kapitel 4«:

»Denn eines Tages geschah es, dass das ganze Dorf in große Bewegung gesetzt wurde durch die Ankunft eines schönen, schlanken Mannes, der einen feinen grünen Frack trug nach dem neuesten Schnitte, eng anliegende weiße Beinkleider und glänzende Suwarowstiefel mit gelben Stulpen. Wenn es regnerisch aussah, so führte er einen rotseidenen Schirm mit sich, und eine große goldene Uhr von feiner Arbeit gab ihm in den Augen der Bauern einen ungemein vornehmen Anstrich.«

Diese Schilderung mag das Bild des eigenen Vaters in ihm wachgerufen haben, den er dreieinhalb Jahre zuvor verloren hatte. William Frank Beckett, kurz Bill genannt, war Ende Juni 1933 unerwartet durch einen Herzanfall aus seinem aktiven Leben gerissen worden. Beckett hatte ein sehr inniges Verhältnis zu seinem Vater, wie aus vielen Stellen in seinem Werk hervorgeht; vor allem die Erinnerungen an ausgedehnte Wanderungen mit ihm durch die Wicklow Mountains in der Nähe seines Elternhauses sind ihm präsent. Der Vater, ein absoluter Nicht-Intellektueller, wie Beckett sagte, war offenbar eine starke Persönlichkeit, die es aus eigener Kraft zu großer beruflicher Kompetenz und ansehnlichem Wohlstand gebracht hatte. Cooldrinagh, das Haus, in dem Samuel Barclay Beckett, sein zweiter Sohn, geboren wurde und aufwuchs, ein geräumiges Haus im Tudor-Stil mit einem herrlich großen Garten, Rasen, Tennisplatz und Doppelgarage, hatte er selbst erbaut.

Die Kritik am Autor Keller setzt allerdings schon am nächsten Tag ein: »Esse zu Abend im R.C. Lese weiter im G.H. Zu viel Beten.« Die Keller-Bände begleiten Beckett bis München, wo er die Lektüre des *Grünen Heinrich* im Grünen Eck beendet.

GESPRÄCHE MIT AXEL KAUN

In Berlin fand der eher kontaktscheue Beckett doch noch, wenn auch nur für kurze Zeit, einen Gesprächspartner, mit dem ein menschlich angenehmer und intellektuell anregender Austausch möglich war. Der Buchhändler Günter Albrecht schrieb, nachdem er Becketts Silvesterbrief empfangen hatte, an seinen Berliner Freund, den Buchhändler Axel Kaun:

»Lieber Axel, gerade wurde ich recht eindringlich ans Briefschreiben gemahnt durch einen langen Reisebericht, den mir Mr. Beckett, der inzwischen in Berlin gelandet ist, schickt. Er ist ein Mensch, der überhaupt nur noch die Atmosphäre der Städte, Bilder + Plastiken, allenfalls noch einige historische + literarische Kuriositäten genießt, betrachtet + bespöttelt. Dadurch kommt es, dass er sehr viel von dem, was anderen wichtig + lieb erscheint, hat absterben lassen + sich überall + nirgends zu Hause findet. Darüber hinaus aber ist er sehr scharfsichtig, objektiv + überhaupt recht klug und intelligent. Es ist möglich, ich teilte Dir das schon mit, dass er sich bei Nicolai bei Dir meldet.«[4]

Offenbar hatte Albrecht seinem Freund von Beckett erzählt und ihm auch dessen Telefonnummer gegeben. Aber Beckett hatte es nicht eilig, den Kontakt mit Kaun aufzunehmen. Erst am 11. Januar rief er ihn in der Nicolaischen Buchhandlung in Potsdam an, bei der Kaun damals beschäftigt war, und verabredete sich mit ihm für denselben Abend in Gerold's Weinstube am Kurfürstendamm. Schon bei dieser ersten Begegnung kommt es zu einem intensiven Gedankenaustausch zwischen den beiden, nicht nur über Literatur, sondern auch über die politische Lage in Deutschland. Es ist das erste offene Gespräch, das Beckett in Berlin führt und das ihm wichtige Einsichten vermittelt. Zudem findet es auf einem ganz anderen Niveau statt als die Unterhaltungen mit seinem Pensionswirt Kempt. Beckett beschreibt Kaun in seinem Tagebuch:

»Er ist intelligent, aber vor allem redegewandt und sehr angenehm und höflich und weit entfernt von der Mentalität der Blätter *Illustrierter Beobachter*, *Schwarzes Korps* oder *Angriff*, so dass er das neue Deutschland analysieren kann als sentimentale Demagogien einerseits und brillante Obskurantismen des Dr. G. andererseits, der, wie er sagt, weit größeren

9/7/37

6 Clare Street
Dublin
IFS

Lieber Axel Kaun!

Besten Dank für Ihren Brief. Ich war gerade im Begriff, Ihnen zu schreiben, als er kam. Dann habe ich verreisen müssen, wie Ringelnatz' männlicher Briefmark, obgleich unter weniger leidenschaftlichen Umständen.

Das Beste ist, ich sage Ihnen sofort und ohne Umschweife, Ringelnatz ist meiner Ansicht nach nicht der Mühe wert. Sie werden sicherlich nicht mehr enttäuscht sein, dies von mir zu hören, als ich es gewesen bin, es feststellen zu müssen.

Ich habe die 3 Bände durchgelesen, 23 Gedichte ausgewählt und 2 von diesen als Probestücke übersetzt. Das wenige, was sie notwendigerweise dabei verloren haben, ist natürlich nur im Verhältnis mit dem zu schätzen, was sie eigentlich zu verlieren haben, und ich muss sagen, dass ich diesen Verschlechterungskoeffizienten, auch da, wo er am meisten Dichter ist, und am wenigsten Reimkuli, ganz gering gefunden habe.

Daraus ist gar nicht zu schließen, dass ein übersetzter Ringelnatz weder Interesse noch Erfolg beim englischen Publikum finden würde. In dieser Beziehung aber bin ich vollkommen unfähig, ein Urteil zu fällen, da mir die Reaktionen des kleinen wie des großen Publikums immer rätselhafter werden, und, was noch schlimmer ist, von weniger Bedeutung. Denn ich komme vom naiven Gegensatz nicht los, zumindest was die Literatur betrifft, dass eine Sache sich lohnt oder sich nicht lohnt. Und wenn wir unbedingt Geld verdienen müssen, machen wir es anderswo.

Ich zweifle nicht, dass Ringelnatz als Mensch von ganz außerordentlichem Interesse war. Als Dichter aber scheint er Goethes Meinung gewesen zu sein: *Lieber NICHTS zu schreiben, als nicht zu schreiben.* Dem Übersetzer aber hätte der Geheimrat selbst vielleicht gegönnt, sich dieses hohen Kakoethes unwürdig zu fühlen.

Ich würde mich freuen, Ihnen meinen Abscheu vor der Verswut Ringelnatz' genauer zu erklären, wenn Sie Lust haben, ihn zu verstehen. Vorläufig aber will ich Sie schonen. Vielleicht mögen Sie die Leichenrede ebenso wenig wie ich.

Gleicherweise könnte ich Ihnen eventuell die ausgewählten Gedichte anzeigen und die Probeübersetzungen schicken.

Es freut mich immer, einen Brief von Ihnen zu bekommen. Schreiben Sie also möglichst häufig und ausführlich. Wollen Sie unbedingt, dass ich Ihnen auf Englisch das gleiche tue? Werden Sie beim Lesen meiner deutschen Briefe ebenso gelangweilt, wie ich beim Verfassen eines englischen? Es täte mir Leid, wenn Sie das Gefühl hätten, es handele sich etwa um einen Kontrakt, dem ich nicht nachkomme. Um Antwort wird gebeten.

Es wird mir tatsächlich immer schwieriger, ja sinnloser, ein offizielles Englisch zu schreiben. Und immer mehr wie ein Schleier kommt mir meine Sprache vor, den man zerreißen muss, um an die dahinter liegenden Dinge (oder das dahinter liegende Nichts) zu kommen. Grammatik und Stil. Mir scheinen sie ebenso hinfällig geworden zu sein wie ein Biedermeier Badeanzug oder die Unerschütterlichkeit eines Gentlemans. Eine Larve. Hoffentlich kommt die Zeit, sie ist ja Gott sei Dank in gewissen Kreisen schon da, wo die Sprache da am besten gebraucht wird, wo sie am tüchtigsten missbraucht wird. Da wir sie so mit einem Male nicht ausschalten können, wollen wir wenigstens nichts versäumen, was zu ihrem Verruf beitragen mag. Ein Loch nach dem andern in ihr zu bohren, bis das Dahinterkauernde, sei es etwas oder nichts, durchzusickern anfängt – ich kann mir für den heutigen Schriftsteller kein höheres Ziel vorstellen.

Oder soll die Literatur auf jenem alten faulen von Musik und Malerei längst verlassenen Wege allein hinterbleiben? Steckt etwas lähmend Heiliges in der Unnatur des Wortes, was zu den Elementen der anderen Künste nicht gehört? Gibt es irgendeinen Grund, warum jene fürchterlich willkürliche Materialität der Wortfläche nicht aufgelöst werden sollte, wie z. B. die von großen schwarzen Pausen gefressene Tonfläche in der siebten Symphonie von Beethoven, so dass wir sie ganze Seiten durch nicht anders wahrnehmen können als etwa einen schwindelnden unergründliche Schlünde von Stillschweigen verknüpfenden Pfad von Lauten? Um Antwort wird gebeten.

Ich weiß, es gibt Leute, empfindsame und intelligente Leute, für die es an Stillschweigen gar nicht fehlt. Ich kann nicht umhin anzunehmen, dass sie schwerhörig sind. Denn im Walde der Symbole, die keine sind, schweigen die Vöglein der Deutung, die keine ist, nie.

Selbstverständlich muss man sich vorläufig mit Wenigem begnügen. Zuerst kann es nur darauf ankommen, irgendwie eine Methode zu erfinden, um diese höhnische Haltung dem Worte gegenüber wörtlich darzustellen. In dieser →

Anteil als alle anderen zusammen genommen an dem hat, was ›erreicht‹ wurde. Dem kann ich ohne weiteres zustimmen. Er bedauert, dass es den Juden im Exil nicht gelingt, eine Kritik auf einer höheren geistigen Ebene vorzutragen, und dass ihre Kritik am Unwesentlichen zwecklos ist. Der Standpunkt der Kommunisten sei, Dr. G. unter allen Umständen zu ermutigen, da er der beste Anwalt der UdSSR in Deutschland ist. Ohne Zweifel hat er seine Technik bei ihnen gelernt. Alles erfrischend zu hören von preußischen oder auch sächsischen Lippen.«

Wer war dieser Axel Kaun? Diese Frage stellten sich auch viele Beckett-Forscher, als 1983 in einem Band mit vermischten Texten Becketts ein mehrseitiger Brief in deutscher Sprache an einen Deutschen dieses Namens veröffentlicht wurde.[5] Diesen mittlerweile berühmten *German Letter of 1937* schrieb Beckett nach seiner Rückkehr am 9. Juli 1937 aus Dublin an eben jenen jungen Mann, den er am 11. Januar 1937 in Berlin kennen lernte. Der Brief überrascht nicht nur durch sein exzellentes Deutsch, sondern auch durch die poetologischen Ansichten, die der junge Beckett dem sechs Jahre jüngeren Kaun vorträgt. Erst im Jahre 2003 kamen weitere Briefe aus der Vorkriegszeit ans Tageslicht, mehrere Briefe von Beckett an Günter Albrecht und Axel Kaun sowie der Briefwechsel zwischen den beiden Freunden. Kaun hatte mit Günter Albrecht in Leipzig die Buchhändlerschule besucht, arbeitete zum Zeitpunkt der Begegnung mit Beckett bei der Nicolaischen Buchhandlung, wechselte jedoch bald zum Rowohlt Verlag.[6] In diesem Verlag erschienen die Ringelnatz-Gedichte, die Kaun zum Übersetzen an Beckett nach Dublin schickte.

Es bleibt an jenem Abend in Berlin nicht bei einem gemeinsamen Schoppen Wein. Kaun sucht ein russisches Lokal in der Nürnberger Straße, findet es aber nicht, stattdessen kehren sie schließlich in einer anderen russischen Pinte in einer Nebenstraße des Kurfürstendamm ein. Bei jämmerlichem Geklimper auf einem alten Klavier und Schwerttänzen sprechen sie über Thomas Mann, der »jetzt, in den letzten vierzehn Tagen, endgültig verboten und ausgebürgert wurde wegen Artikeln in der Baseler Zeitung«. Thomas Mann hatte in den ersten Dezembertagen folgende Mitteilung an die Presse gegeben:

»Sie wünschen eine Äußerung von mir über meine jetzt von der deutschen Regierung verfügte ›Ausbürgerung‹. Vor allem habe ich zu bemerken, dass dieser Akt, da ich schon seit vierzehn Tagen tschechoslowakischer Staatsbürger bin und damit automatisch aus dem deutschen Staatsverband ausgeschieden bin, jeder rechtlichen Bedeutung entbehrt. Von seiner geistigen Bedeutungslosigkeit brauche ich nicht zu reden. Ich habe gelegentlich schon im Voraus erklärt, dass ich in deutschem Leben und deutscher Überlieferung tiefer wurzele als die flüchtigen,

Dissonanz von Mitteln und Gebrauch wird man schon vielleicht ein Geflüster der Endmusik oder des Allem zu Grunde liegenden Schweigens spüren können. Mit einem solchen Programm hat meiner Absicht nach die allerletzte Arbeit von Joyce gar nichts zu tun. Dort scheint es sich vielmehr um eine Apotheose des Wortes zu handeln. Es sei denn, Himmelfahrt und Höllensturz sind eins und dasselbe. Wie schön wäre es, glauben zu können, es sei in der Tat so. Wir wollen uns aber vorläufig auf die Absicht beschränken.
Vielleicht liegen die Logographen von Gertrude Stein dem näher, was ich im Sinne habe. Das Sprachgewebe ist wenigstens porös geworden, wenn nur leider ganz zufälligerweise, und zwar als Folge eines etwa der Technik von Feininger ähnlichen Verfahrens. Die unglückliche Dame (lebt sie noch?) ist ja ohne Zweifel immer noch in ihr Vehikel verliebt, wenn freilich nur wie ein Mathematiker in seine Ziffern, für den die Lösung des Problems von ganz sekundärem Interesse ist, ja ihm als Tod der Ziffern direkt schrecklich vorkommen muss. Diese Methode mit der von Joyce in Zusammenhang zu bringen, wie es die Mode ist, kommt mir genauso sinnlos vor wie der mir noch nicht bekannte Versuch, den Nominalismus (im Sinne der Scholastiker) mit dem Realismus zu vergleichen. Auf dem Wege nach dieser für mich sehr wünschenswerten Literatur des Unworts kann freilich irgendeine Form der nominalistischen Ironie ein notwendiges Stadium sein. Es genügt aber nicht, wenn das Spiel etwas von seinem heiligen Ernst verliert. Aufhören soll es. Machen wir es also wie jener verrückte (?) Mathematiker, der auf jeder einzelnen Stufe des Kalküls ein neues Messprinzip anzuwenden pflegte. Eine Wörterstürmerei im Namen der Schönheit.
Inzwischen mache ich gar nichts. Nur von Zeit zu Zeit habe ich wie jetzt den Trost, mich so gegen eine fremde Sprache unwillkürlich vergehen zu dürfen, wie ich es mit Wissen und Willen gegen meine eigene machen möchte und – Deo juvante – werde.

Mit herzlichem Gruß
Ihr

Soll ich Ihnen die Ringelnatz-Bände zurückschicken?
Gibt es eine englische Übersetzung von Trakl?

Anzeige des russischen Restaurants »Don«, in dem Beckett einen Abend verbrachte, um 1936

Rechte Seite: Blick vom Turm der Kaiser-Wilhelm-Gedächtniskirche auf die Kantstraße und die Hardenbergstraße, 1930/1940

wenn auch penetranten Erscheinungen, die zurzeit Deutschland regieren.« Die Erklärung über die Aberkennung der deutschen Staatsangehörigkeit datierte vom 2. Dezember 1936 und wurde am Tag darauf im *Völkischen Beobachter* veröffentlicht.[7]

Beckett hatte schon Anfang der dreißigerer Jahre *Die Buddenbrooks* gelesen und am 3. November 1936 von Hamburg aus das Buddenbrook-Haus in Lübeck besucht. Mitte November war der dritte Band von Thomas Manns *Joseph*-Tetralogie erschienen, was Beckett zur Kenntnis genommen hatte. Im Tagebuch steht auf der linke Seite, also abgesetzt vom laufenden Text:

Joseph Trilogie [!]
1. *Geschichten Jakobs*
2. *Der junge Joseph*
3. *Joseph in Ägypten*
4. *Joseph der Ernährer*

Der Verleger Gottfried Bermann Fischer teilte dem Autor mit, dass Besprechungen des *Joseph* in Deutschland zwar verboten seien – Thomas Mann im Tagebuch: »was mir sehr lieb« –, aber die Auslieferung funktioniere. Und am Ende des Monats kann er bereits den »glänzenden Verkauf« melden: »Die Auflage von 10.000 schon so gut wie vergriffen. Neudruck im Gange.«[8]

In Axel Kaun findet Beckett endlich wieder einen kompetenten Buchhändler und fragt ihn noch am selben Abend nach einem Nachschlagewerk zur deutschen Geschichte. Kaun empfiehlt ihm *Deutsche Geschichte* (vermutlich *Geschichte des deutschen Volkes*, erschienen 1934) von Friedrich Stieve, ferner, die Kunst betreffend, Karl Schefflers *Deutsche Maler und Zeichner im neunzehnten Jahrhundert* und Karl Justis *Aesthetik* sowie den Roman *Die notwendige Reise* von Walter Bauer, der 1932 im Berliner Bruno Cassirer Verlag erschienen, aber nach 1933 verboten war. Es wird ein langer Abend. Beckett begleitet Kaun noch bis zur Hardenbergstraße. »*In bed at 3.*«

An diesem Tag füllt Beckett auch die letzten Seiten seines dritten deutschen Tagebuchs. Seit seiner Ankunft in Hamburg am 2. Oktober 1936 hat er täglich mehrere Seiten geschrieben, insgesamt etwa zweihundert. Schon in Hamburg hatte er seinen Parker so strapaziert, dass er sich einen neuen kaufen musste – einen »*Tintenkuli*«, genau die richtige Bezeichnung für jemanden wie ihn, wie er fand, für den der Ratschlag von Plinius d.Ä. maßgebend schien: »Nulla dies sine linea!« Der Einkauf des richtigen Schreibhefts erwies sich offenbar als ebenso schwierig wie die Auswahl des richtigen Schreibgeräts. Beckett empfindet sich selbst als »schrecklich umständlich« und die alte Dame in der Schreibwarenabteilung des KaDeWe nicht minder: »*Man muss doch Bescheid wissen, was man haben will!*«

Von den Büchern, die Kaun empfohlen hatte, ist der *Stieve*, der ihm prompt von der Nicolaischen Buchhandlung aus Potsdam zugeschickt wird, eine Enttäuschung:

»Ausgerechnet ein Buch, wie ich es nicht haben will. Kein Nachschlagewerk, wie stolz auf dem Umschlag behauptet, sondern die Einheit des deutschen Schicksals darstellend. *Tod & Teufel!*« Er packt das Buch sorgfältig wieder ein, in der Hoffnung, es umtauschen zu können.

Drei Tage später folgt Beckett einer Abendeinladung Axel Kauns in die Burgunder Straße in Friedenau. Es wird trotz Becketts gesundheitlicher Malaise ein anregender Abend. Er kann die von der Schwellung ausgehenden Schmerzen nur noch ausgestreckt auf dem Bettsofa liegend ertragen und »*in Roman position*« das von Kaun selbst zubereitete Abendessen und den Burgunder zu sich nehmen. Er hat dem Gastgeber seinen Gedichtband *Echo's Bones* mitgebracht, Kaun revanchiert sich mit dem neuesten Roman von Knut Hamsun, *Der Ring schließt sich,* und leiht ihm drei weitere Bücher, ein Werk von Hans Carossa, Hermann Hesses *Demian* und Walter Bauers *Die notwendige Reise*. Bald gesellt sich noch ein zweiter Gast zu ihnen namens Meier, ein sehr redseliger Mensch, der äußerlich Ähnlichkeit mit Goebbels hat. Es entwickelt sich ein lebhaftes Gespräch, zunächst über den »*foul Stieve*«, das von Beckett im Tagebuch in den wesentlichen Teilen festgehalten wird – das Protokoll einer ganzen Abendunterhaltung! Kaun scheint überrascht, als Beckett ein Plädoyer für die traditionelle, an Daten und Fakten orientierte Geschichtsdarstellung hält und sich skeptisch gegenüber

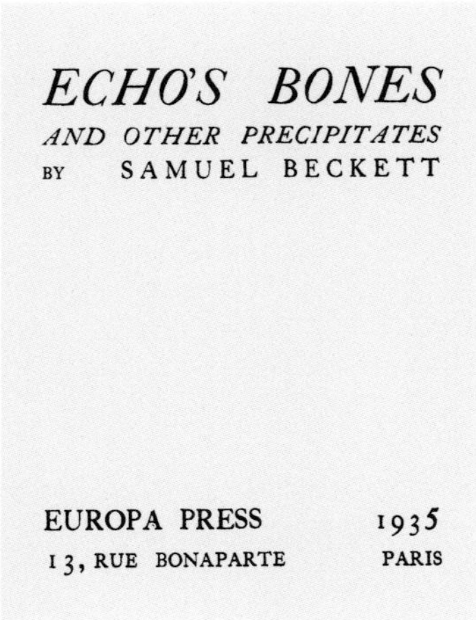

ECHO'S BONES

AND OTHER PRECIPITATES

BY SAMUEL BECKETT

EUROPA PRESS 1935

13, RUE BONAPARTE PARIS

Titelblatt der Erstausgabe von Becketts Gedichtband

allen Versuchen zeigt, dem geschichtlichen Geschehen einen Sinn zu unterlegen: »Ich habe kein Interesse an einer ›Vereinheitlichung‹ des historischen Chaos, ebenso wenig wie an einer ›Klärung‹ des individuellen Chaos, und noch weniger an der Anthropomorphisierung der unmenschlichen Notwendigkeiten, die das Chaos hervorrufen. Was ich will, sind die Strohhalme, das Treibgut usw. Namen, Daten, Geburt und Tod, weil ich nur das wissen kann. Meier sagt, der Hintergrund sei wichtiger als der Vordergrund, die Ursachen wichtiger als die Wirkungen, die Ursachen wichtiger als ihre Repräsentanten und Opponenten. Ich sage, der Hintergrund und die Ursachen sind eine unmenschliche und unbegreifliche Maschinerie, und ich frage mich wirklich, was für ein Bedürfnis es sein mag, das durch den modernen Animismus befriedigt werden kann, der darin besteht, sie zu rationalisieren. Rationalismus ist die letzte Form von Animismus, während die reine Inkohärenz von Zeiten, Menschen und Orten zumindest amüsant ist. *Schicksal = Zufall* für alle menschlichen Zwecke. Ich will daher das altmodische geschichtliche Nachschlagewerk, nicht die modische *monde romancé*, die mit vielen Worten erklärt, warum z. B. Luther unvermeidlich war, ohne mir irgend etwas über Luther zu sagen, wohin er ging, wovon er lebte, woran er starb usw. Bei Sätzen wie ›Historische Notwendigkeit‹ und ›Germanisches Schicksal‹ dreht sich mir der Magen um.«

Kaun schlägt vor, den *Stieve* gegen den letzten Band von Rilke-Briefen, *Briefe aus Muzot,* umzutauschen und liest seinen Gästen einen Brief Rilkes an Paula Modersohn-Becker vor, in dem er die Freundin tadelt, dass sie die letzte »Einsamkeit« seiner Frau – gemeint ist Clara Westhoff – nicht hinreichend würdige. »Er selbst stehe voller Vertrauen, Zuversicht, liebender Hochachtung und Respekt etc. vor ihrem letzten Tempel der Einsamkeit und warte darauf, dass die Türen sich öffnen. Es sieht so aus, dass der höchste gegenseitige Akt von zwei sich liebenden Menschen darin besteht, darauf zu warten, dass sich die Türen ihrer beider Einsamkeiten auftun und sie verschlingen. Ich sage *Die Monade ist doch fensterlos.* Wie absurd, sich eine Kette von Einsamkeiten vorzustellen, die sich nacheinander auflösen.«

Von Rilke führt das Gespräch weiter zu Leibniz und Spinoza, wie Beckett mit dem für ihn typischen Understatement berichtet: »Ich stottere meine Verzerrungen von Spinoza & Leibniz hervor.« Dabei hat er die Werke beider Philosophen mit der ihm eigenen Gründlichkeit studiert. In seinem frühen Roman *Murphy* finden sich mehrere Anspielungen auf Leibniz, insbesondere auf seine Monadenlehre, und wenn er darin von einer Dachkammer in Hannover spricht, »die Murphy vor weniger Jahren, als er sich eingestehen wollte, bewohnt hatte«, so hatte der Autor dabei, wie er seinem Übersetzer sagte, an das Leibniz-Haus in der Schmiedestraße gedacht. Ob Beckett während seiner Besuche in Kassel vielleicht schon einmal in Hannover war, ist nicht bekannt. In der französischen Übersetzung von *Murphy*, die erst 1947 erschien, steht es dann auch ganz deutlich: »eine Mansarde in dem schönen Renaissance-Haus in der Schmiedestraße, wo Gottfried Wilhelm Leibniz gelebt hatte und vor allem gestorben war.« Auf der Fahrt von Hamburg über Braunschweig nach Berlin hat Beckett jedenfalls in Hannover Station gemacht und das Leibniz-Haus besucht. Er fand die Stadt *»in einer kulturellen Begeisterung von solcher Allgemeinheit, dass man sie bis in dem Café Kröpke wahrnehmen konnte. Man hatte nämlich gerade die Echtheit des in der Neustädter Kirche liegenden Skeletts von Leibniz durch eine eingehende Untersuchung der rechten großen Zehe festgestellt«*[9], schreibt er an Albrecht. Spinozas *Ethik* und das Buch von Léon Brunschwigg über *Spinoza et ses contemporains* hatte er noch kurz vor seiner Abreise im Sommer 1936 in Dublin gelesen. Wie gut er auch Rilkes Gedichte kannte, zeigt seine Rezension eines auf Englisch erschienenen Gedichtbandes aus dem Jahre 1934.[10] Es gab vielleicht sogar einen aktuellen Anlass für Kauns Hinweis auf Rilke, denn die Rilke-Briefe waren vermutlich zum 10. Todestag von Rilke erschienen. Genau an dem Tag ihres Zusammenseins brachte der *Angriff* einen Artikel über den »Dichter des Unsagbaren«, in dem auch jenes Gedicht zitiert wird, das Beckett in seiner Rilke-Kritik 1934 anführt: »Ich kreise um Gott, um den uralten Turm, und ich kreise jahrtausendelang …«

Beckett und Kaun haben sich nach diesem Abend nicht wiedergesehen. Axel Kaun fuhr am nächsten Tag zum Skilaufen ins Riesengebirge. Die beiden blieben aber noch eine Zeit lang in brieflichem Kontakt. Der weitere Lebensweg Kauns ist zumindest in Umrissen bekannt, er überlebte den Krieg, war um 1950 Dramaturg am Württembergischen Staatstheater in Stuttgart, brachte 1956 ein Buch – *Ballett ohne Pose* – heraus und übersiedelte 1958 in die Vereinigten Staaten. Dort übersetzte er unter anderem das 1967 erschienene Buch *Language and Silence* von George Steiner. In dieser Aufsatzsammlung ist viel von Autoren die Rede, die auch an jenem Abend im Januar 1937 in der Burgunder Straße zur Sprache kamen, aber auch von einem Samuel Beckett, besonders in dem Essay *Der Dichter und das Schweigen*. Wie muss dem Übersetzer zumute gewesen sein, als er Sätze wie diese formulierte: »Die Aufwertung des Schweigens – in der Epistemologie von Wittgenstein, in der Ästhetik von v. Webern und Cage, in der Poetik von Beckett – ist eine der originellsten und bezeichnendsten Äußerungen moderner Geisteshaltung.«[11] Oder: »Der Schriftsteller, seiner Berufung nach Meister und Diener der Sprache, stellt fest, dass die bleibende Wahrheit nicht mehr sagbar ist. Von dieser Einsicht qualvoll durchdrungen ist das Theater von Beckett.«[12]

Günter Albrecht auf der Schneekoppe im Riesengebirge, 18. oder 19. Januar 1937

Als Beckett Anfang der achtziger Jahre über seinen deutschen Übersetzer versuchte, den Kontakt mit Kaun wieder aufzunehmen, kam eine Postkarte aus San Francisco zurück, auf der nur die Worte standen: »Axel Kaun ist vor ca. 2 Jahren verstorben.«

Mit Günter Albrecht gab es ein kurzes Wiedersehen, als dieser auf seiner Reise zum gemeinsamen Urlaub mit Axel Kaun im Riesengebirge eine Zwischenstation in Berlin einlegte. Das Treffen verläuft nicht so freudig wie erwartet. Beckett leidet unter der lästigen Schwellung, die beim Gehen noch etwas erträglicher ist als beim Sitzen oder Stehen. Er macht sich daher am frühen Nachmittag zu Fuß auf den Weg durch den Tiergarten zum Lehrter Bahnhof, um Albrecht abzuholen, fährt im Taxi mit ihm zurück in die Pension, traktiert ihn mit einem guten Beaujolais und ein paar Häppchen aus der Kempt'-

schen Küche und eilt dann mit ihm zum Görlitzer Bahnhof, wo der Zug nach Hirschberg sich gerade in Bewegung setzt. Albrecht springt noch auf, aber das Abteil ist verschlossen, er muss wieder abspringen und kann nun erst um Mitternacht vom Schlesischen Bahnhof abfahren. Beckett spendiert ihm noch ein Abendessen im *»U. d. L.Restaurant«*, muss sich danach aber verabschieden und kehrt mit letzter Kraft in die Budapester Straße zurück. Auch Günter Albrecht und Beckett blieben noch eine Zeit lang brieflich in Kontakt. Das letzte, was darüber bekannt ist, stammt aus einem erst kürzlich entdeckten Brief von Albrecht an Kaun vom 17. November 1937: »Beckett schrieb jetzt wieder eine Karte, dass er ganz nach Paris ziehen wird.«[13]

Günter Albrecht wurde schon im April des Jahres 1937 zum Reichsarbeitsdienst eingezogen und konnte die Uniform danach nicht wieder ablegen. Er fiel in den ersten Wochen des Russlandfeldzuges im Juli 1941.

GEDANKEN ÜBER FREMDE UND EIGENE BÜCHER

In den letzten Tagen in Berlin geht es für Beckett vor allem darum, wieder reisefähig zu werden. Er ist so geschwächt, dass er nach Albrechts Kurzbesuch mehrere Tage im Bett bleiben muss. Kauns Bücher machen ihm diesen Zustand etwas erträglicher »Lese *Demian*. Sehr hübsch und gefällig geschrieben, aber ich habe das Gefühl, dass es durch und durch unehrlich ist, nicht weil es eine Transkription ist, sondern weil es sich als Transkription ausgibt.« Die Lektüre führt ihn zunächst zu Überlegungen, wie ein Buchtitel beschaffen sein sollte. »Nie ein Buch durch den Titel definieren, der Kritiker braucht dann nur noch das Gegenteil herauszuarbeiten. Nie auch nur für eine Sekunde die Wachsamkeit von Leser und Kritiker täuschen. Dann ist der Feind verwirrt, und alles, was er bemängeln kann, ist das Unwesentliche. Ich habe nichts von meiner Angst durchblicken lassen.« (Diese Sätze sind im Tagebuch unterstrichen.) »Sogar der Titel darf keine Richtung weisen. Dem gemäß ist *Demian* ein guter Titel und *Notwendige Reise* ein schlechter, denn alles, was ich jetzt nur noch nachzuweisen brauche, ist, dass sie ganz und gar nicht notwendig war. Es ist unmöglich, *Murphy* etwas entgegenzuhalten. Als Konstruktion ist *Demian*, so weit ich bis jetzt gekommen bin, sehr scharfsinnig, elegant und unterhaltsam. Unvermeidlich natürlich die übliche Geschichte von der Reise zum Selbst: ›*Das Leben eines jeden Menschen ist ein Weg zu sich selber hin ... kein Mensch ist jemals ganz und gar er selbst gewesen; jeder strebt dennoch, es zu werden ...*‹ Ich fürchte, er wird am Ende nicht sich selbst, sondern ›Gott‹ oder wie Walter Bauer ›wir‹ finden. Reise ist sowieso das falsche Bild. Wie kann man zu irgendetwas hinreisen, von dem man sich nicht wegbewegen kann? *Das notwendige Bleiben* wäre wohl richtiger.«

Beckett kommt bei diesen Überlegungen zu neuen Erkenntnissen über seinen eigenen Roman *Murphy:* »So ist es wohl auch mit der Figur des Murphy im Schaukelstuhl, sich den Fesseln des Selbst fügen, eine einfache Versinnbildlichung des an sein Selbst Gefesseltsein, denn im Hinnehmen liegt das eigentlich Unheroische. Am Ende ist es besser, zugrunde zu gehen, als befreit zu werden. Aber das Heroische, das *nosce te ipsum* [Erkenne dich selbst], das diese Deutschen als eine Reise verstehen, ist nur eine andere Haltung gegenüber den Fesseln und dem Stuhl, ein Zusammenwirken von Wille & Muskeln & einem Leben, das ganz auf die Möglichkeit des Entkommens konzentriert ist, wenn auch nicht unbedingt auf die Tatsache einer realen Freiheit, wählen zu können, wenn das Feuer ausbricht. Murphy hat keine freie Wahl, d. h. er ist nicht frei, wider seine Neigung zu handeln. Das Entscheidende dabei ist, dass das *nosce te ipsum* nicht mobiler ist als das *carpe te ipsum* [Ergreife dich selbst] von Murphy. Der Unterschied ist nur, dass in dem einen Fall die Immobilität den Keim der Mobilität in sich birgt, und in dem anderen Fall nicht. Und so weiter. Und so fort. Es freut mich immerhin, etwas in dem Buch zu entdecken, was ich vorher nicht wusste.«

In den folgenden Tagen setzt Beckett die Lektüre von Hesses *Demian* fort und findet immer weniger Gefallen an dem Buch: »Lese weiter im D. Wird immer weniger *echt*. Das *Traumbild* wirklich eine Verirrung. Das Ganze wird immer mehr Konstruktion & die Konstruktion gerät außer Kontrolle.« Geradezu angewidert von dem Schluss, beendet er die Lektüre in der vorletzten Nacht seines Berlin-Aufenthalts: »Bin durch mit *Demian*. Vergleicht sich mit Jesus & Nietzsche. Was für dummes Zeug – die Zeichen & *Traumbild* & *Schicksal* & *Sperber* & *Ei*. Dann dem Kernpunkt ausgewichen durch Krieg, Zusammentreffen im Feldlager, Demians sterbender Kuss ›*den Frau Eva mir mitgegeben hat für dich*‹. *Pfui*. Ein verblasener Nietzsche. Oder auch etwas Gide?«

Als er die von Kaun geliehenen Bücher auf die Post bringen will, rutscht Beckett beim Einsteigen in den Bus aus, und die kostbare Last wäre um ein Haar in der Gosse gelandet. Aus Leipzig schreibt er noch einen Gruß an Kaun und teilt ihm mit: »*Ich habe die Hesse und Bauer gelesen & Ihnen in die Burgunderstr. geschickt. Den Carossa behalte ich vorläufig.*«[14] Sein Urteil über Carossa fällt letzten Endes nicht besser aus als das über Hesse. »Ich habe eine Menge von Carossa gelesen, *Geheimnisse*, *Gion* und *Führung*, die Kaun mir freundlicherweise geliehen hatte«, schreibt er kurz vor seinem Rückflug aus München an Albrecht, »und finde ihn, offen gestanden, am Ende schlichtweg fürchterlich, alles ist nur noch eine Flucht in den Stil.«[15]

1 Richard Ellmann: James Joyce, Oxford 1959, neue erweiterte Auflage 1982, S. 394 u. 669

2 Beckett an Günter Albrecht, Brief vom 31. 12. 1936 aus Berlin

3 Ebd.

4 Günter Albrecht an Axel Kaun, Brief vom 3. 1. 1937 aus Hamburg

5 Disjecta – Miscellaneous Writings and a Fragment by Samuel Beckett, edited with a foreword by Ruby Cohn, London 1983

6 Kaun war seit November 1936 bei der Nicolaischen Buchhandlung in Potsdam, Nauenstraße 43, angestellt, ab Februar 1937 beim Rowohlt Verlag in Leipzig.

7 Thomas Mann: Tagebücher 1935–1936. Hg. von Peter de Mendelssohn, Frankfurt am Main 2003, S. 404, Anm. S. 647

8 Ebd., S. 401

9 Beckett an Günter Albrecht, Brief vom 31. 12. 1936 aus Berlin

10 J. B. Leishmann's translation of Rilke's *Poems*. In: Criterion, July 1934. Abgedruckt in: *Disjecta*, a. a. O., S. 36/37

11 Zitiert nach der deutschen Übersetzung: Sprache und Schweigen, Frankfurt a. M. 1973, S. 108

12 Ebd., S. 114

13 Günter Albrecht an Axel Kaun, Brief vom 17. 11. 1937 aus Hamburg

14 Beckett an Axel Kaun, Brief vom 27. oder 28. 1. 1937 aus Leipzig

15 Beckett an Günter Albrecht, Brief vom 30. 3. 1937 aus München. Gemeint sind folgende Werke Hans Carossas: *Geheimnisse des reifen Lebens* (1936), *Der Arzt Gion* (1931), *Führung und Geleit* (1933).

»EINE WAHRLICH SORG-LOSE ARCHITEKTUR«
AUSFLUG NACH POTSDAM

Der 12. Januar 1937 ist ein heller, frostiger Wintertag, so recht geeignet, um nach Potsdam hinauszufahren. Beckett hatte in der Woche zuvor schon zweimal die Absicht gehabt, diesen Ausflug zu unternehmen, sich aber zu spät besonnen und stattdessen wieder den Weg zur Museumsinsel eingeschlagen. Offenbar hatte sich bei ihm eine allgemeine Lustlosigkeit eingestellt, denn er vermerkt am 6. Januar 1937: »Dieser Zustand ist allmählich nicht nur mühselig, sondern auch erschreckend unergiebig.« Sicherlich lag es zum Teil an den körperlichen Beschwerden, dass ihm der Aufenthalt in Berlin zur Last wurde. Die Begegnung mit Axel Kaun wirkte aufmunternd und gab ihm noch einmal etwas Schwung.

Nach dem gemeinsam verbrachten Abend ist er schon am nächsten Morgen kurz nach 10 Uhr in Potsdam und wandert zuerst über Lustgarten, Paradeplatz, Altmarkt und Wilhelmsplatz zur Nicolaischen Buchhandlung in der Nauenstraße, wo Kaun bis vor kurzem gearbeitet hatte. Er bestellt das von dem Buchhändler empfohlene Geschichtsbuch, übermittelt einer Kollegin von Kaun, »*very Mädchen in Uniform*«, freundliche Grüße, wandert dann von der Nauenstraße zum Brandenburger

Die Nicolaische Buchhandlung in Potsdam, Nauener Straße 43/Ecke Brandenburger Straße, um 1935

Zeichnung in Becketts Tagebuch: Die Terrassen mit den Weinstöcken vor Schloss Sanssouci

Linke Seite: Schloss Sanssouci, um 1930

Die Bildergalerie östlich von Schloss Sanssouci, Innenansicht, um 1938

Tor und gelangt schließlich durch das Grüne Gitter in den Park von Sanssouci. Auf den ersten Blick wirken die gestaffelten Terrassen mit ihren glasverkleideten Weinstocknischen etwas verwirrend, finden aber schnell sein Gefallen. Auch die gestutzten Taxusbäume verfehlen nicht ihre Wirkung. Die Terrasse scheint ihm insgesamt vielleicht etwas zu steil angelegt und zu schwer im Verhältnis zum Schloss, das am Fuße jeder neuen Treppenflucht außer Sicht gerät. Doch einmal oben angelangt, gibt es nur ein Wort, das den Gesamteindruck wiedergibt: »*Exquisite*«. Ein großes Sommerhaus mit einer den Proportionen exakt angepassten flachen grünen Kuppel über dem Mittelfeld, die sich wie ein Blume über der gelben Fassade erhebt, und lachende Karyatiden, welche die Schwerelosigkeit ihrer Last noch hervorheben. »Ganz und gar nicht wie Versailles oder à la Watteau, vielmehr eine wahrlich *sorg-lose* Architektur.« Auch die getrennt vom Schloss erbaute Galerie und die Neue Kammer, etwas ernster vielleicht vom Eindruck her, weil später entstanden, finden seinen vollen Beifall.

In schweren Filzpantoffeln gleitet er im Uhrzeigersinn durch die Räume, zuerst auf Friedrichs Seite durch die kleine Galerie, die Bibliothek und das Schlaf- und Sterbezimmer Friedrichs des Großen, mit guten Porträts von Anton Graff und Pesne, sodann durch das Konzertzimmer mit Adolph von Menzels *Flötenkonzert*, das Audienzzimmer und weiter durch den Marmor- oder Speisesaal mit Menzels Gemälde *Tafelrunde Friedrichs d. Gr. in Sanssouci*. Von dort führt der Weg in den Gästetrakt Friedrich Wilhelms IV., der den Ostflügel aus Pietät nie bewohnte. Das von Johann Michael Hoppenhaupt (1709–1769) gestaltete Voltaire-Zimmer mit seinem zauber-

Die Orangerie im Park von Sanssouci, dreißiger Jahre

haften Dekor von Vögeln und Blumen und Szenen aus Fabeln von La Fontaine auf den Sesselbezügen amüsiert Beckett besonders: »reizend und komisch zugleich, ganz *Princesse de Babylone,* und doch irgendwie voll von Exil und Verlassenheit«, schreibt er an MacGreevy.[1]

Bei dem anschließenden Besuch der Gemäldegalerie überrascht ihn die betörende Fülle der Barockmaler, »Schule von Rubens & van der Werff, kaum etwas anderes. Nirgends auf der Welt kann es so viele van der Werffs an einer Stelle geben. Die reinste Pornographie. Fragonard würde sich

Blick über den Heiligen See auf das Marmorpalais, um 1934/37

daneben wie Fra Angelico ausnehmen«. Der holländische Maler Adriaen van der Werff (1659–1722) war zu seiner Zeit höchst erfolgreich und unter anderem Hofmaler des Kurfürsten Johann Wilhelm von der Pfalz.

Von den Neuen Kammern geht es durch den Nordischen Garten hinauf zu den Terrassen der »kolossal scheußlichen Orangerie aus dem 19. Jh.«. Beckett wandert weiter in südwestlicher Richtung durch den Park zwischen Antikentempel (wo die Kaiserin Auguste Viktoria begraben liegt) und Freundschaftstempel zum Neuen Palais mit den dahinter liegenden Communes, die sich zwar schwerer und prunkvoller als Schloss Sanssouci darstellen, aber eindrucksvoll und wohl proportioniert den großen Ehrenplatz umrahmen. Der sich südöstlich anschließende Park von Charlottenhof und das Schloss Charlottenhof selbst erscheinen ihm wie eine hübsche »preusso-romantische Nachahmung eines römischen Landhauses«.

Es mag ein Zufall gewesen sein, aber ihn könnte auch die Zeitungslektüre am Vortag neugierig auf das Restaurant »Zur Neuen Mühle« gemacht haben – »Die Historische Mühle ist 200 Jahre alt« war ein Artikel im *Berliner Lokal-Anzeiger* überschrieben. Jedenfalls lässt sich Beckett ein Mittagessen in den geschichtsträchtigen Räumen nicht entgehen. Von dort aus tritt er bei langsam hereinbrechender Dunkelheit den Rückweg an, den wiederum Kaun ihm empfohlen hatte: vom Neuen Garten Richtung Nikolskoe, dem über der Havel gelegenen Blockhaus im russischen Stil. Er wandert durch den Neuen Park – »*very pleasant*« – zu den Ufern des Heiligen Sees, vorbei am Marmorpalais, dem direkt am Wasser liegenden Lieblingssitz Friedrich Wilhelms II. »Zarter Nebel breitet sich im wunderbar rötlichen Abendschein über die Bäume, unter denen ein paar Frauen Laub zusammenharken, im Hintergrund das leere Grau des Jungfernsees« – dies ist eines jener einprägsamen, mit wenigen Worten skizzierten Naturbilder, die die Sensibilität des einsamen Wanderers andeuten.

Für weitere Besichtigungen ist es an jenem Tag zu spät, Beckett lässt den Glienicker Park, Nikolskoe und das Schloss Babelsberg aus und läuft direkt über die Schwanenbrücke, die Glienicke-Brücke und durch den neuen Volkspark zur Parkbrücke, die Neubabelsberg mit Babelsberg verbindet, wo Lilian Harvey gerade einen Film dreht, wie ihm ein Mann an der Bushaltestelle erklärt und davon schwärmt, »*how much is los in the summer*«. Der Bus bringt Beckett zurück ins Stadtzentrum von Berlin, wo er am selben Abend, nach kurzem Halt in der Pension in der Budapester Straße, noch Hebbels *Gyges und sein Ring* im Schauspielhaus am Gendarmenmarkt sehen wird.

1 Beckett an Thomas MacGreevy, Brief vom 18. 1. 1937 aus Berlin

GESPRÄCHE AM KÜCHENTISCH

Sechs Wochen im winterlichen Berlin – es war für Beckett, trotz aller Widrigkeiten, bei allen Geldsorgen und körperlichen Beschwerden, eine sehr intensive Zeit. Er war nahezu jeden Tag im Museum, erkundete ausgiebig die Stadt und machte Ausflüge, er ging ins Theater, ins Kino, ins Konzert, er las und schrieb. Es war zugleich eine Zeit großer Einsamkeit und Niedergeschlagenheit. Aber es gab auch anderes, einige interessante Begegnungen und, zumindest in der zweiten Hälfte seines Aufenthalts, ein sozialer Umgang, der sich fast beiläufig in seinen Alltag integrierte. Die Wahl der Pension erwies sich dabei als vorteilhaft. Beckett gelang es anscheinend mühelos, bei aller Distanziertheit ein angenehmes Verhältnis zu seinen Wirtsleuten und anderen Pensionsgästen zu finden. Hin und wieder trank man gemeinsam ein Bier in einer Kneipe um die Ecke oder einen späten Schoppen in der Kempt'schen Küche. Beckett saß als aufmerksamer Zuhörer dabei, »*learning German*«, auch wenn das, was er hörte, oft in fundamentalem Gegensatz zu seinen eigenen Anschauungen stand. Er wusste, dass er sich in politischen Fragen auf eine Diskussion mit einem Mann wie Kempt oder Eichheim nicht einzulassen brauchte. Die Gespräche in Künstler- und Kunstsammlerkreisen in Hamburg waren anderer Art gewesen. Dort zirkulierten Hitlerwitze, man kritisierte freimütig und offen das Regime und übte sich in Geduld – man war der Meinung, das Regime würde bald von selbst zusammenbrechen. »Der Ruin droht auch von der völlig verfahrenen Wirtschaft her«, schreibt Thomas Mann noch am 24. Dezember 1936 in sein Tagebuch.[1]

Bei Kempt hört es sich anders an. Hier spricht der kleine Parteigenosse, der bedauert, dass er erst 1933 oder 1934 in die Partei eintreten konnte, weil er im Stahlhelm war; »es war nicht sein eigener Entschluss, erst so spät in die Partei einzutreten, aber man konnte nicht gleichzeitig Mitglied des Stahlhelm & der Partei sein«. Er ist stolz auf seine Rolle als »Wohlfahrtswart« für den Block Tauentzien-, Nürnberger und Budapester Straße und macht aus seinem Antisemitismus keinen Hehl. Beckett vermerkt: »Notleidende Juden entgehen nicht dem Wohlwollen derer, die er repräsentiert«, und man weiß, wie es gemeint ist.

Als Beckett am frühen Abend des 12. Januar bei der Rückkehr von Potsdam an der über die Glienecker Lanke führenden Parkbrücke auf einen Bus wartet, macht

Linke Seite: Lustgarten und Altes Museum, um 1936

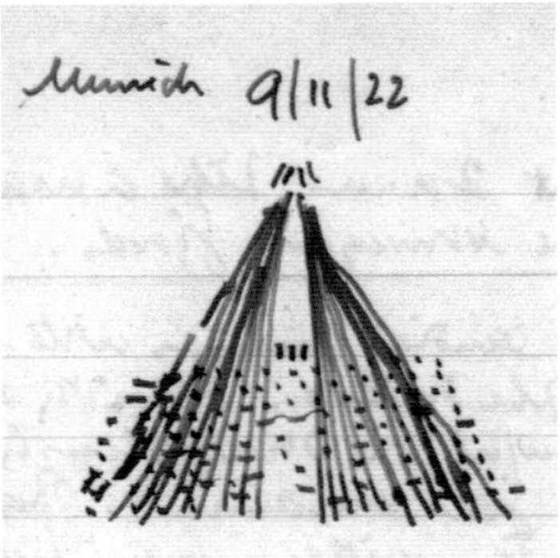

Zeichnung in Becketts Tagebuch: »schönes mathematisches Bild von Hitler, Hess & Ludendorff an der Spitze der Phalanx«

ihn ein Mann auf die ehemalige Residenz des Generals von Schleicher aufmerksam, die auf dem gegenüberliegenden Ufer des Griebnitzsees liegt. Kurt von Schleicher, in den letzten Wochen der Weimarer Republik Reichskanzler, war bei dem so genannten Röhm-Putsch 1934 von der SS ermordet worden. Beckett möchte mehr über diesen Fall wissen. Als er ein paar Tage später mit Kempt zusammensitzt und mit ihm eine halbe Flasche Rum – *»not Verschnitt but Original-Jamaica«* – leert, bringt er ihn auf das Thema.

»Ich setze ihn an auf Schleicher & bekomme einen langen dramatischen Bericht vom 29./30. Juni 1934 *(Blutbad)*, als nicht Tausende, sondern etwa 70 erschossen wurden?!« Im Tagebuch folgt eine ausführliche, zum Teil stichwortartige Zusammenfassung der Schilderung Kempts von den Geschehnissen beim Röhm-Putsch. Es schließt sich ein Rückblick aus der Sicht des Pensionswirtes auf die Geschichte der nationalsozialistischen Bewegung bis zur Machtergreifung an: »Kempt hat ein echtes Talent für dramatische Erzählung. Ich bringe ihn danach auf den 9. November 1922 (oder 23?), die NS-Demonstration aufgrund des 9. November 1918, von der Polizei verboten. Verbot nicht beachtet & Feuer eröffnet. Entwirft ein schönes mathematisches Bild von Hitler, Hess & Ludendorff an der Spitze der Phalanx, die mit offenem Visier durch den Kugelhagel marschieren. Göring bekommt einen Schuss ab in die Hoden. Hitler 7 Jahre Zuchthaus.« Beim Bericht über die Ernennung Hitlers zum Reichskanzler ist, wie Beckett schreibt, »Kempts Stimme voller Anbetung. Mussolini ein großer Mann, hat aber nicht Hitlers absolute *Reinheit.* [...] Beendet seine Geschichte damit, dass er aufzählt, wann und wo er den Führer gesehen hat oder in seiner Nähe war wie bei der Privatvorführung eines Kriegsfilms im Ufa-Palast am Zoo, mit lebhafter Beschreibung des Kampfes zwischen Deutschland und Rumänien um den ersten Platz beim Springen bei der Olympiade, Deutschland gewinnt mit 2 Fehlern und 39 Sekunden vor Rumänien mit 2 Fehlern und 51 Sekunden. Hitler danach ein Weilchen frisch, rosig, lächelnd und überhaupt besser dreinschauend, von Göring in der Ehrenloge auf die Schulter geklopft, stürmisches Grüßen.« Mit distanziertem Interesse notiert Beckett die Herzensergüsse eines begeisterten Hitler-Anhängers, die sich grundlegend von den Beobachtungen eines Axel Kaun unterscheiden. Beckett wundert sich darüber, dass Göring bei Kempt als der Ernsthafte dargestellt wird, während Goebbels immer nur zu lächeln scheint. Die Charakterisierung Kauns – Goebbels habe das miesepetrige Gesicht eines verlorenen Säuglings und Hitler und Göring seien sentimentale Donnerköpfe – überzeugt ihn eher. »Kempt muss eine halbe Million Worte hervorgesprudelt haben in der kurzen Zeit, in der wir zusammen waren.«

ABSCHIED VON BERLIN

Am Abend vor Becketts Abreise bringt Kempt noch einen Stammgast mit in die Kneipe, der am letzten Tag die Gespräche wieder auf Kunst und Literatur lenkt. Es ist Heinz Porep, ein junger Bühnenbildner am Stadttheater in Halle, der nur für 24 Stunden in Berlin ist und bereits am nächsten Morgen nach Halle zurückfahren wird. Er ist ein interessanter Mann, der schon viel in der Welt herumgekommen ist. Er war in Mexiko, hatte Filmpläne, erkrankte aber während eines Deutschlandaufenthalts so schwer, dass er zunächst im Land bleiben musste. Als Händel-Spezialist wurde er zum 300. Geburtstag des Komponisten für die Ausstattung der Händel-Festspiele in Halle engagiert und blieb danach für die Spielzeit 1936/37 am dortigen Stadttheater, jedoch mit der festen Absicht, anschließend nach Mexiko zurückzukehren. Beckett und Porep entdecken rasch ihre gemeinsamen Interessen für Theater, Kunst und Musik und reden bis tief in die Nacht über Bühnenfragen, moderne Maler und Komponisten. Porep kennt den Maler Karl Kluth (1898–1972), mit dem Beckett in Hamburg zusammentraf (»ein Loblied auf Kluth«, notiert Beckett), und ist ein Freund des in Paris ansässigen Komponisten Darius Milhaud. In Halle hat er gute Kontakte zu den Kunstsammlern Marie und Felix Weise und ist über die dortigen Kunstsammlungen, beispielsweise die in der Moritzburg, bestens im Bilde. Beckett beschließt daraufhin, am nächsten Tag auf der Weiterfahrt in Halle Station zu machen, dort noch einmal mit Porep zusammenzutreffen und sich die erwähnten Kunstsammlungen anzusehen. Er verdankt Porep außerdem wertvolle Tipps für Dresden, erhält Empfehlungen für die Kunstsammlerin Ida Bienert und ihre Schwiegertochter Gret Palucca, eine bekannte Ausdruckstänzerin, die übrigens Anfang Januar gerade in Berlin gastierte, den Kunsthistoriker Will Grohmann sowie Adressen von Künstlern und Kunstsammlern in München. Kempt steht ausnahmsweise einmal schweigend dabei bis in die frühen Morgenstunden.

Heinz Porep

Die zweite längere Etappe von Becketts Deutschlandreise geht zu Ende. Von allen Museumsbesuchen im Verlauf der sechs

Bühnenbild von Heinz Porep zur Oper *Rienzi* von Richard Wagner, Stadttheater Halle, 1936

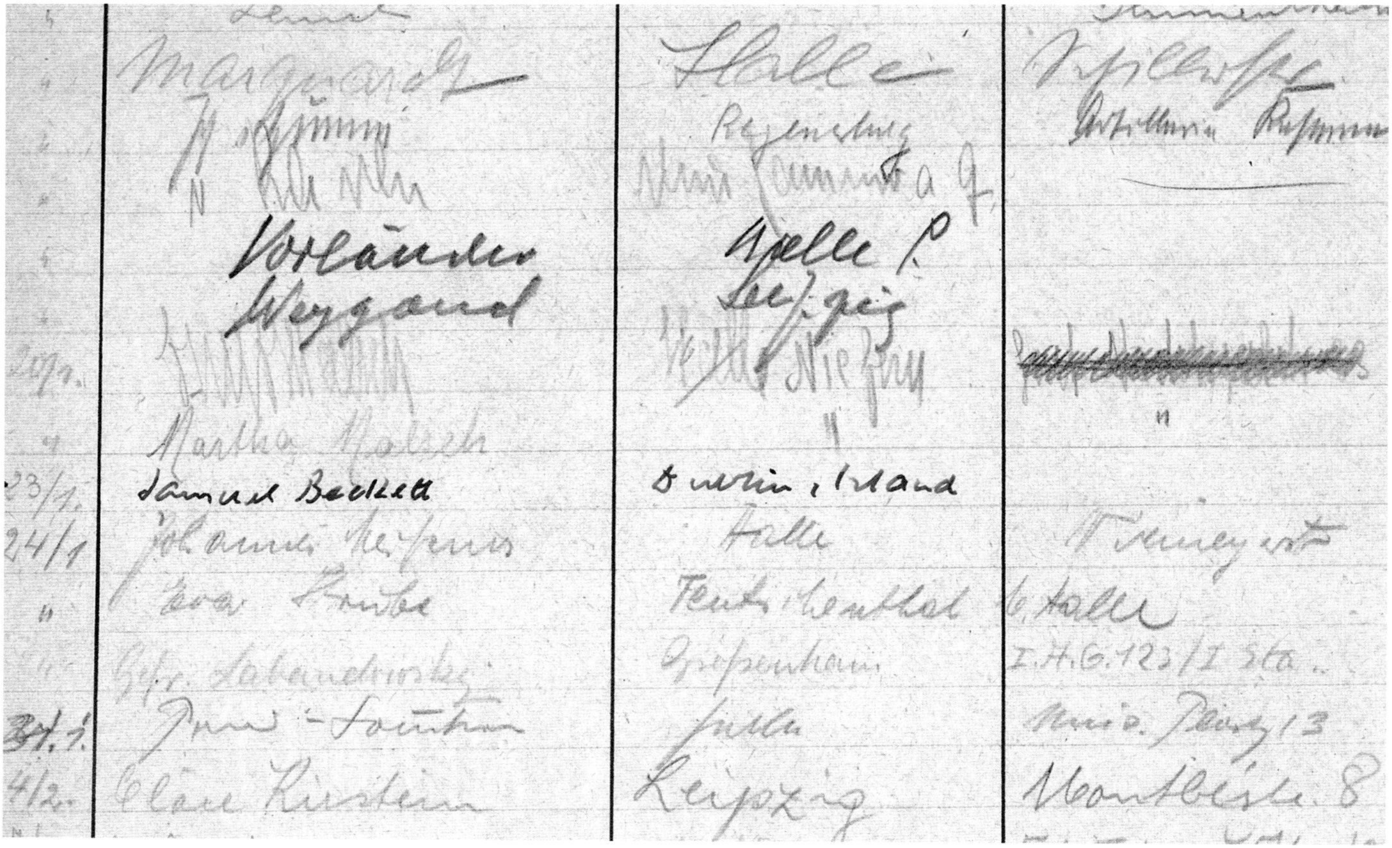

Eintrag Samuel Becketts im Besucherbuch der Gemäldesammlung in der Moritzburg in Halle, 23. Januar 1937

Rechte Seite: Plakat zur deutschen Erstaufführung von *Wir warten auf Godot* im Schlosspark Theater in Berlin-Steglitz, September 1953

Monate, die er in Deutschland verbringt, wird er nirgends so vielfältige und nachhaltige Kunsteindrücke gewonnen haben wie auf der Museumsinsel in Berlin. Zum Glück bewahrheitete sich nicht ganz, was Beckett beim Anblick der lachenden Karyatiden in Potsdam befürchtete: *»I won't see them again.«* Mag sein, dass er Potsdam und die Museumsinsel tatsächlich nicht wiedersah, denn sie lagen mehrere Jahre später, schwer erreichbar, »auf anderen Ufern«. Den westlichen Teil Berlins jedoch besuchte er noch mehrmals.

Nach der Deutschlandreise, die am 1. April 1937 in München endete, ging er zunächst für ein paar Monate zurück nach Dublin, übersiedelte aber schon im Herbst endgültig nach Paris. Die Wanderjahre hatten damit ein Ende – vorläufig, denn 1942 begann eine unfreiwillige neue Wanderschaft, diesmal auf der Flucht vor der deutschen Besatzung. Beckett fand ein Refugium im Departement Vaucluse im unbesetzten Teil Frankreichs, wo er seinen Roman *Watt* schrieb. Als er Mitte 1945 endlich nach Paris zurückkehren konnte, begannen die für ihn in schriftstellerischer Hinsicht fruchtbarsten Jahre. Er schrieb in rascher Folge Romane, Kurzgeschichten und Theaterstücke und gelangte am 8. Januar 1953 mit der Pariser Uraufführung seiner Tragikomödie *En attendant Godot* über Nacht zu Weltruhm. Acht Monate später hatte das Stück im Berliner Schlosspark Theater Premiere, und so wie der Autor vor dem Krieg durch 22 deutsche Städte gereist war, so trat nun *Godot* seine Reise über die deutschen Bühnen an und gehört seitdem, ebenso wie die späteren Stücke, zum festen Repertoire der deutschen Theater.

1 Thomas Mann: Tagebücher 1935–1936. Hg. von Peter de Mendelssohn, Frankfurt a. M. 2003, S. 412

ANHANG

BILD- UND TEXTNACHWEIS

Quellen der Abbildungen:
akg-images 35, 88 (Foto: Werner Forman)
Beckett International Foundation, Reading University Library 116
Berliner Stadtbibliothek 83, 84
Bildarchiv Erika Tophoven 27, 31, 45, 98, 99, 109, 110 rechts, 122, 124, 141
Bildarchiv Familie Albrecht, Worpswede 115, 118, 126
Bildarchiv Preußischer Kulturbesitz, Berlin 11 (Foto: Josef Donderer), 13, 21, 29, 30, 32 oben, 95, 111 (Foto: Julius Wilcke), 117, 123 (Foto: Friedrich Seidenstücker), 130, 132 (Foto: Saller), 133 (Foto: Paul W. John)
Deutsches Historisches Museum, Berlin 94
GVE-Verlag, Berlin (Postkarte) 91
Hans Hartz/DHM, Berlin 10, 26, 28, 38, 90, 102, 114, 136
Landesarchiv Berlin 14, 15, 16, 17, 18, 19 (2x), 20, 22, 23, 33, 39, 79 (Foto: Otto Hagemann), 85, 86 (Foto: Tropea), 92, 96 oben, 97, 104, 105
Potsdam-Museum 131 oben (Foto: Richard Opitz), 134 (Foto: Max Baur)
Ryan, Elizabeth und Farrington, Margaret 41
Sammlung Eickemayer, Berlin 106
Senatsverwaltung für Geoinformation Berlin 22
Staatliche Museen zu Berlin – Preußischer Kulturbesitz/Ägyptisches Museum und Papyrussammlung 87 oben (Foto: Jürgen Liepe)
Staatliche Museen zu Berlin – Preußischer Kulturbesitz/Gemäldegalerie (Fotos: Jörg P. Anders, sofern nicht anders angegeben) 46, 48, 50, 53, 56, 58, 60, 61 (2x), 62 (2x), 63 (2x), 64 (2x), 65 (2x), 66 (2x), 67 oben links, 67 oben rechts, 67 unten (Foto: Gerard Le Gall), 68, 69 (2x), 70 (2x), 71 (2x), 74, 75, 76, 77
Staatliche Museen zu Berlin – Preußischer Kulturbesitz/Kunstbibliothek 96 unten
Staatliche Museen zu Berlin – Preußischer Kulturbesitz/Nationalgalerie 72 oben (Foto: Klaus Göken), 72 unten, 73 oben
Stadtarchiv Halle (Saale) 139 (2x)
Stadtmuseum Berlin, Theatersammlung 110 links
Stiftung Archiv der Akademie der Künste 107, 108 (2x)
Stiftung Moritzburg, Halle (Saale) 140
The Estate of Samuel Beckett, London 6, 24, 32 unten, 40, 49, 57, 81 links, 87 unten, 112, 131 unten, 138
Trinity College Library, Dublin 57
VG Bild-Kunst, Bonn 72 oben, 73 oben

Textauszüge wurden mit freundlicher Genehmigung der folgenden Personen und Institutionen zitiert:
Edward Beckett und The Estate of Samuel Beckett (Tagebücher Samuel Becketts; Briefe Becketts an Günter Albrecht, Axel Kaun, Thomas MacGreevy)
Trinity College Library, Dublin (Briefe Samuel Becketts an Thomas MacGreevy)
Beckett International Foundation, Reading University Library *(Whoroscope Notebook)*
Klaus Albrecht, Worpswede (Briefwechsel Samuel Becketts mit Günter Albrecht)

Dem Suhrkamp Verlag danken wir für die freundliche Genehmigung zur Veröffentlichung der Zitate aus den Werken Becketts *(Glückliche Tage, Die Welt und die Hose, Malone stirbt, Das letzte Band)* und aus dem Buch *Sprache und Schweigen* von George Steiner.

DANK

Ich möchte hier noch einmal meine Dankbarkeit Edward Beckett gegenüber zum Ausdruck bringen, der mir die handschriftlichen Seiten des Berliner Tagebuchs für die Abfassung des Buches vertrauensvoll zur Verfügung stellte.

Ferner danke ich dem Cheflektor des Nicolai Verlags, Herrn Diethelm Kaiser, für seine hilfreiche Unterstützung bei der Bearbeitung des Manuskripts und die angenehme Zusammenarbeit.

Erika Tophoven

Der Verlag dankt Edward Beckett für die freundlich gewährte Unterstützung und für die Genehmigung, ausführlich aus dem Reise-Tagebuch Samuel Becketts und aus seinen Briefen zitieren zu dürfen.

Der S. Fischer Stiftung gilt unser Dank für die großzügige finanzielle Förderung dieses Buchprojekts.